DAS TORENT PROJEKT

by Torent Stark

ISBN: 9798356484025

An meine Mutter Zarema. Danke, dass du immer an mich geglaubt hast. Danke dafür, dass du ein so toller Mensch bist. Danke dafür, dass du so eine tolle Mutter bist.

INHALT

1	Steh auf!	6
2	Erwartungen.	13
3	Du bist dein Umfeld.	19
4	Allein mit mir selbst.	28
5	Lass sie reden.	38
6	Erfinde dich selbst neu.	48
7	Dankbarkeit und Vergleiche.	57
8	Du bist komisch, na und?	65
9	Erreichbarkeit.	72
10	Tu was Gutes für dich.	80
11	Benötigst du all das wirklich?	88
12	Lass los, bevor es dich zerstört.	97
13	Toxischer Müll.	107
14	Wie kommt man zum Erfolg?	116

DANKSAGUNG

Zum ersten Mal fällt es mir schwer, die richtigen Worte zu finden. Ich möchte mich herzlich bei meiner Community bedanken, die mich erst dazu inspiriert hat, dieses Buch zu schreiben. Eine Community, die mich seit Tag 1 unterstützt. Ihr wart von Anfang an dabei. Wir sind zusammen gewachsen. Nun sind wir hier. Ein weiteres Dankeschön gilt meinem Mann, der mich bei jeder verrückten Idee unterstützt. Ein Danke an Shuk, denn du hast mich stets ermutigt. Dieses Buch ist etwas Besonderes für mich, und ich hoffe, dass es für jeden, der es in den Händen hält genauso besonders ist.

DAS TORENT PROJEKT

Einstieg

Perfektes Leben

Als junges Mädchen hatte ich kaum Probleme oder Sorgen und ich weiß, dass es bei jedem anders aussehen kann. Aber bei mir war es eben genauso. Vielleicht gab es ja mehr, worüber ich mir als Flüchtlingskind hätte Sorgen machen können, aber ich hatte eine andere Sicht auf die Dinge. Ich war schon immer positiv eingestellt, ohne mich wirklich anstrengen zu müssen. Wenn man anfängt zu suchen, dann könnte man sein Leben lang nur über Probleme sprechen. Lieber auf das positive fokussieren. Und das hat auch lange für mich geklappt! Ich war einer dieser Teenager, die mit kaum etwas zu kämpfen hatten, außer das übliche Zeug. Das übliche Zeug wäre für mich mal Streit mit der besten Freundin oder nicht genug Geld dabei zu haben für einen Starbucks Kaffee. Alles andere war perfekt. Ich war perfekt, meine Freunde waren perfekt, meine Noten waren perfekt und mein Leben war perfekt. Während ich in meiner Blase des Glücks und der Unschuld lebte, wurde mir mit der Zeit klar, dass andere es nicht so unkompliziert hatten wie ich. Ich kann mich noch genau erinnern, als ich dachte: Wenn das Leben für immer so bleibt wie jetzt, dann ist es doch perfekt. Wenn ich daran zurückdenke, muss ich einfach lachen. Ich habe diese Momente lebhaft in

Erinnerung, und bei manchen dieser Erinnerungen kann ich nur den Kopf schütteln. Die Frage ist doch jetzt, ist es so gekommen, wie ich es mir vorgestellt hatte? Ich glaube, du kennst schon die Antwort darauf. Du und ich kennen die Antwort. Wenn du die Antwort darauf nicht kennen würdest, wärst du doch nicht hier? Du als jemand, der dieses Buch liest und ich als diejenige, die das Buch schreibt. Warum ist das nun so? Ich werde es dir verraten. Jeder von uns hat sein eigenes Päckchen, dass er mit sich rumträgt, und es kann sein, dass du dich jetzt vielleicht wunderst, aber du bist tatsächlich nicht allein damit. Stell dir vor, andere haben genauso ihre Probleme wie du. Und ich weiß, wie wichtig es ist, das zu hören. Du bist nicht allein. Du warst nie allein damit und du wirst es nie sein. Ich kann förmlich spüren, dass allein dieser Satz schon eine gewisse Last von deinen Schultern nimmt. Denn ich kenne das von mir selbst. Zu lange in seinem eigenen Kopf zu stecken, tut einem einfach nicht gut. Man fängt an, sich einzubilden, dass man der einzige Mensch auf der Welt mit Sorgen ist. Als wäre es eine persönliche Strafe, die nur für einen selbst geschaffen wurde. Das kommt davon, dass man zu tief in seinen Gedanken ist und kaum Austausch mit anderen hat. Aber gut, dass es tatsächlich nicht so ist, wie du es dir einbildest. Deshalb ist es wichtig, das Gespräch zu suchen, denn da fällt uns erst auf, wie sehr wir auf uns selbst fixiert sind. Perspektive ist nun mal wichtig, denn da merken wir erst, wie hart wir zu uns selbst sind. Was für eine Schande. Fällt dir auf, wie du anderen aufmerksam zuhörst und ihnen versicherst, dass alles gut wird? Wir versprechen ihnen sogar, dass alles gut wird! Und warum sagen wir uns das nicht selbst? Ich bin froh, dass ich das mittlerweile mache. Es vergeht kein Tag, an dem ich mir nicht versichere, dass alles so kommt, wie es kommen muss. Die Sicherheit und Geborgenheit, die wir anderen geben, verdienen wir doch selbst genauso. Findest du nicht? Dann legen wir mal los, ich weiß genau, dass du nach dem Geheimnis suchst, wie alles leichter wird, manche suchen auch vielleicht die Lösung dafür, wie alles perfekt wird. Weil bei „Torent“ alles ja so perfekt ist. Nur wird keiner je solch eine Lösung finden, nicht bei mir und auch sonst bei keinem anderen Menschen. Nicht nur, weil es keine Lösung gibt, sondern auch, weil nichts in diesem Leben perfekt ist. Nichts ist perfekt. Ich habe nie für dieses „perfekt“ Label gekämpft, aber natürlich kriegt jeder Mensch ein gewisses Label aufgedrückt. Und das Ganze ziehen sich die Leute ja nicht einfach so aus den Fingern, das weiß ich auch. Ja, es stimmt schon, dass ich einen gewissen Perfektionismus in mir trage und ihn bei fast allem auslebe, was ich tu'. Sei es mein Haushalt oder die Art wie ich gewisse Dinge angehe. Entweder ich gebe 100 % oder gar nichts, halbe Sachen gibt es bei mir einfach nicht. Das war nie so und wird sich höchstwahrscheinlich auch nicht im Laufe meines Lebens ändern. Und ja, das kann manchmal zum Verhängnis werden, weil ich dadurch mein größter Kritiker bin. Aber gleichzeitig erkenne ich auch die Dinge an, die ich gut mache. Damit habe ich kein Problem.

Womit ich aber ein Problem habe, ist das Bild, das unwillkürlich von mir entstanden ist. Ich würde mich niemals schlechter darstellen als ich bin, nur damit sich andere Menschen besser fühlen. Das soll heißen, dass die Sache mit dem Perfektionismus und meiner Art keine Lüge ist. Was aber nicht der Wahrheit entspricht ist, dass ich perfekt sei und dass ich ein perfektes Leben führe ohne jegliche Hindernisse und Probleme. Ich entschuldige mich jetzt schon dafür, dass ich in diesem Buch richtig oft erwähnen werde, dass kein Mensch auf dieser Erde ein perfektes Leben hat. Aber das ist nun mal die Wahrheit, die danach verlangt, ausgesprochen zu werden. Das heißt aber nicht, dass nicht alles besser werden kann. Dass man nichts ändern kann, dass man nicht die beste Version seiner selbst sein kann. Denn das kann man, und ich werde dir natürlich verraten, wie du es schaffen kannst. Zumindest wie ich es für mich geschafft habe. Ich möchte vorab sagen, dass ich dir keine magische Heilung liefern kann, das wird keiner in deinem Leben können. Ich habe gelernt, dass man nur lernen kann, mit bestimmten Dingen besser umzugehen und auf gewisse Geschehnisse nicht so stark zu reagieren. Jedenfalls sind das Dinge, die ich selbst zu gewissen Zeiten nicht wusste, aber gerne früher erfahren hätte. Aber das macht eigentlich nichts, denn alles passiert aus einem bestimmten Grund und daran könnte ich nie zweifeln. Bestimmte Geschehnisse und Vorfälle zu hinterfragen ist nicht unser Job, ganz ehrlich. Wozu verschwenden wir eigentlich unsere Kraft? Diese Energie kann man für so viele andere Dinge nutzen.

Jedenfalls war das mein Einstieg und jetzt geht's so richtig los, ich hoffe, du bist bereit für die Worte, die eventuell dein Leben verändern könnten.

Phase 1

Steh auf!

Ich glaube, es ist wichtig zu verstehen, dass das Leben grundsätzlich aus Vorfällen besteht. Aus guten Vorfällen und aus schlechten. Es gilt: Genieße die guten Momente, und überstehe die schlechten. Ist es etwas, das du in 5 Minuten ändern kannst? Dann tu es. Braucht es etwas länger? Dann lass dich nicht davon verrückt machen. Egal, was gerade abgeht, dein Leben geht auf die eine oder andere Weise weiter. Die Zeit bleibt nicht stehen, sie geht immer weiter. Oft bestimmen die 5 schlechten Minuten eines Tages die restlichen 24 Stunden, doch warum ist das so? Wir reagieren viel zu stark auf Worte und Vorfälle und wir lassen zu, dass sie uns kontrollieren, ohne es wirklich zu bemerken. Ich für meinen Teil hatte es satt keine Kontrolle über meine eigenen Gedanken und die darauffolgenden Taten zu haben, und hab' mich fest dazu entschlossen so standhaft zu bleiben, wie es eben möglich ist. Eine einzige Frage, die dich auf den Boden der Tatsachen holen sollte: Was genau gewinnst du, wenn du an vergangenes denkst und dich deswegen fertig machst? Was genau erreichst du dadurch? Du wirst davon nicht stärker, nicht glücklicher, nicht schöner und gewiss auch nicht klüger. Dadurch wird man eigentlich ein Gefangener von seinen eigenen Gedanken. Und genau das musst du ja vermeiden. Ich würde direkt mal eine Sache ansprechen, die ich so unglaublich blöd finde. Man braucht sich davon gar nicht angegriffen fühlen, denn ich sage vorab, dass ich es früher genauso gemacht habe. Zum Glück ist es dennoch sehr lange her. Und zwar geht es darum, dass man traurige Musik hört, wenn man traurig ist. Man ist traurig und macht sich noch trauriger, als man ohnehin schon ist. Ich bekomme gerade lebhafte Flashbacks. Ich kann dir nur vom Herzen raten, das in Zukunft zu unterlassen. Nein, ich verlange es sogar von dir. Ich meine, ich höre allgemein keine Musik mehr, aber das ist ein anderes Thema. Wenn ich mich daran erinnere, wie oft ich diesen Fehler gemacht habe und noch tiefer in meine Traurigkeit gesunken bin, wünscht ich mir nicht vorzustellen, wie es für diejenigen ist, die das immer noch machen. Denk mal kurz darüber nach. Inwiefern hilft es dir, die traurige Stimmung, in der du steckst, durch traurige Musik noch mehr zu verstärken? Du behauptest, dass du aus deinem depressiven Loch entkommen willst, aber tust dir selbst solche Dinge an? So etwas nennt man übrigens Selbstsabotage. Wo ist der Sinn dahinter? Du kennst doch selbst die Antwort darauf. Sich einzugestehen, dass es nicht hilfreich ist, ist schon mal der erste Schritt. Und der zweite ist, diese unnötige Handlung sofort zu unterlassen. Ich habe bei mir einen enormen Unterschied bemerkt, was das betrifft. Wie konnte ich bloß so dumm sein? Obwohl diese Dinge bei mir Jahre zurückliegen, weiß ich ganz genau, wie es auf mich gewirkt hat. Welche großen Folgen es hatte. Die depressive Stimmung wurde nicht nur verstärkt, sondern auch verlängert. Wie sieht es heute damit aus? Selbst wenn ich bestimmte Gedanken habe, so dauern sie absolut nicht lange an. Denn ich versuche mich zu beruhigen und aufzubauen, anstatt mich tiefer in die Spirale der Verzweiflung zu treiben. Ich habe Kontrolle und bestimme den Verlauf. Ich mache allein das! Ich bestimme für mich, was und wann genau ich etwas fühle. Weil es keinen anderen Einfluss gibt, verstehst du? Ich hoffe mal, dass es für dich Sinn ergibt. Du weißt nicht, wie verblüffend ich es finde, dass es Zeiten gab, in denen ich mir mein eigenes Leben mit solchen Kleinigkeiten schwerer gemacht habe, schwerer, als es hätte sein müssen. Aber ich halte mich jetzt nicht daran fest und gebe den Tipp einfach nur an dich weiter, und ich kann nur hoffen, dass du ihn dir zu Herzen nimmst. Du solltest deinen eigenen Einfluss auf dich selbst nie kleinreden. Traurige Musik hören und dabei am besten in Erinnerungen schwelgen. Erinnerungen, die völlig romantisiert sind und meistens nicht einmal der Wahrheit entsprechen. Dann noch traurige Bilder, traurige Sprüche und am besten noch traurige Filme konsumieren. Wer hat entschieden, es sei eine gute Idee traurige Medien zu konsumieren, wenn es einem schlecht geht. Sollte es nicht genau das Gegenteil sein? Man müsste doch stattdessen etwas konsumieren, dass einen aufbaut. Weißt du eigentlich, was für einen großen Einfluss diese Dinge auf dein Unterbewusstsein haben? Alles, was wir sehen, hören und lesen, bleibt in uns drinnen. Unser Gehirn speichert alles ab. Seien es dumme, traurige oder gute Sachen. Es ist gar nicht so, dass man diese Dinge für immer und ewig vermeiden soll. Darum geht es gar nicht. Es geht darum, wie du dir dein Leben eigentlich in der Zukunft vorstellst. Wenn du dich täglich mit solchen negativen Dingen umgibst und diese konsumierst, inwiefern soll sich dein Leben ins Positive entwickeln? Wie soll sich deine Lebenseinstellung verändern? Wie sollst du die beste Version deiner selbst werden, wenn dein Gehirn Tag für Tag nur einen Mist abspeichert? Deshalb ist es wichtig, sich selbst zu helfen, sich selbst die Hand zu reichen, wenn es kein anderer tut. Natürlich ist es schwer, die Dinge klar zu sehen, und das zu sehen was das Beste für einen selbst ist, das weiß ich natürlich auch. Es ist immer schwer, das Richtige zu tun. Das war nie anders und wird nie anders sein. Aber dennoch habe ich den Drang, alles Hilfreiche mit dir zu teilen. Deshalb bist du doch hier. Merk dir eines, die richtige Entscheidung ist immer die schwierigere. Es ist nämlich leichter, so weiterzumachen, wie bisher. Es ist immer leichter in seinem Komfort der Traurigkeit zu bleiben, denn es ist etwas, das man kennt. Es ist etwas, das nichts von dir verlangt, außer deinem Leben. Also die Frage ist wohl eher, wie viel dir dein eigenes Leben wert ist. Willst du weiter machen und dabei zusehen, wie dein Leben den Bach untergeht, während andere ihres gerade aufbauen? Willst du dich selbst in diesem Zustand gefangen halten, weil du beweisen willst, dass du enorm verletzt wurdest? Willst du dein Leben unter einer grauen Wolke verbringen, während Menschen, die wahrscheinlich schuld an diesem Zustand sind, glücklich weiterleben? Glaub mir, du bist der einzige Mensch, der den Schaden von diesem depressiven Zustand trägt. Du bist der einzige Mensch, der sein Leben kaputtgehen lässt. Es interessiert sie nicht, es interessiert niemanden. Niemand interessiert sich für jemanden, der untergeht. Vielleicht wird es 1–2 Menschen geben, die für eine kurze Zeit Mitleid mit dir haben und das war es. Das Leben geht weiter. Und ist es das, was du willst? Wird dich dieses Mitleid erfolgreich in deinem Leben werden lassen? Was genau bringt dir dieses Mitleid? Auch wenn es hart klingt, es interessiert niemanden. Wenn es sie interessieren würde, in welchem emotionalen Zustand du bist, hätten sie dir niemals das angetan, was der Auslöser für den besagten Zustand ist. Verstehst du, was ich dir damit sagen möchte? Du schmeißt dein Leben wegen Menschen weg, die dir Schmerzen zugefügt haben. Dass du dein Leben wegschmeißt, tut ihnen nicht weh, denn es ist nicht ihr Leben. Ihr Leben geht auch ohne dich hervorragend weiter. Wieso sollte es bei dir nicht genauso sein? Bist du dir das nicht schuldig? Es wird nicht leicht, doch es ist machbar. Der erste Schritt in die richtige Richtung wird, der härteste sein, den du je gemacht hast, doch jeder Schritt, der darauf folgt, führt dich zu deinem persönlichen Erfolg. Es kann nur besser werden, versprochen. Das alles führt eigentlich zu dem Fakt, dass man oft nicht weiß, wie man sich selbst am besten helfen kann. Man hat auch nicht die Kraft, um etwas an seiner Lage zu ändern. Man weiß oft gar nicht, wo man anfangen soll, allein dieser Gedanke kann einen leicht überfordern. Das ist so, weil man seine übrige Kraft nur zum Überleben verwendet, von Tag zu Tag. Doch sobald ein kleiner Funken von Motivation vorhanden ist, sollte man diesen ergreifen! Denn das kann alles ins Rollen bringen, so ähnlich wie bei einem Schneeball. Eine Handlung führt zur nächsten und man durchbricht die Barriere. Wie soll sich dein Alltag und deine Einstellung ändern, wenn du jeden Tag dasselbe machst? Und glaub mir, wenn ich sage, dass du dein komplettes Leben nicht von einem Tag auf den anderen ändern musst. Und egal, wie sehr du es wollen würdest, es würde einfach nicht funktionieren. So funktioniert das Ganze nicht. Man fängt klein an, denn kleine Schritte führen zu großen Erfolgen. Es geht um den Weg zum Ziel, denn dieser entscheidet, ob du überhaupt an deinem Ziel ankommst. Wieso ist das so? Das ist deshalb so, weil wir kein perfektes Ergebnis wollen, sondern einen Lebensstil. Das Ziel ist es, so viele kleine Veränderungen und Gewohnheiten in den Alltag einzubringen, bis es zur Routine und Normalität wird. Es muss nicht perfekt sein, und es muss nicht alles auf einmal passieren. Womit könnte man denn anfangen? Das Umfeld ist oft der Schlüssel dafür, wie unser Tag verläuft, wie wir uns fühlen und wie produktiv wir sind. Mit Umfeld können natürlich verschiedene Dinge gemeint sein. Wenn wir ganz groß denken, könnte die Stadt gemeint sein, in der man lebt, manche Orte tun einem einfach nicht gut. Dann spielen Freunde auch eine große Rolle, wenn es um das Umfeld geht, genauso wie ein Partner, der einem nicht wirklich guttut. Doch Orte und Menschen sind natürlich große Aspekte in unserem Leben, und nicht jeder kann von heute auf morgen Menschen aus seinem Leben eliminieren oder in eine andere Stadt ziehen. Und wenn wir weiter denken, kann das Zuhause auch gemeint sein. Wohnung oder eigenes Zimmer, das ist völlig egal. Da fängt alles an. Kleine Schritte führen zu langfristigen Ergebnissen, und genau das sollte dein Ziel sein. Man sollte sich nicht waghalsig in irgendwelche schnellen und großen Veränderungen stürzen. Das kann und wird nie für einen Menschen gut enden, das könnt ihr mir glauben. Oft bekommt man einen Schub, mit dem man sich selbst mit seiner Motivation in den Himmel schießt, und dementsprechend ist der Fall nicht nur tief, sondern auch schmerzhaft. Was du benötigst, sind keine Phasen, die kommen und gehen. Keine Veränderungen, die auf deiner Laune oder Motivation basieren. Launen und Motivation sind temporäre Dinge. Ich halte allgemein nicht viel von Motivation. Motivation ist nicht täglich da. Aber weißt du, was täglich da ist? Gewohnheiten! Was du nämlich benötigst, ist ein Lebensstil und keine kurze Phase. Eine Lebenseinstellung. Eine Haltung. Denn so kann man am besten Ordnung in sein Leben bringen, verstehst du? Alles, was man ändern kann, wird geändert und der Rest wird zurückgelassen. Du bewegst dich auf deine Zukunft hinzu, eine Zukunft, die ruhiger und angenehmer ist. Eine Zukunft, die auf dich abgestimmt ist. Es wird keine perfekte Zukunft sein, aber sie wird perfekt für dich sein.

Phase 2

Erwartungen

Dinge so zu akzeptieren, wie sie nun mal sind, fällt den meisten Menschen schwer. Auch mir. Zumindest war das einmal so. Doch warum ist das so? Es sind die hohen Erwartungen, mit denen Menschen sich selbst alles schwerer machen als es sein muss. Je höher die Erwartung, desto größer die Enttäuschung. Ganz einfach. Keine Erwartungen, keine Enttäuschungen. Mein Leben lang war ich jemand, der stets hohe Erwartungen hatte. Hohe Erwartungen an andere, aber auch an mich selbst. Um ehrlich zu sein habe ich an mich selbst immer noch hohe Erwartungen, aber diese Beziehung ist dennoch viel besser geworden. Was ich allerdings nicht mehr habe, sind hohe Erwartungen an andere. Das klingt viel negativer, als es ist. Lass es mich erklären. Nicht jeder denkt wie du, nicht jeder hat dieselbe Einstellung wie du und nicht jeder handelt wie du. Wenn ich früher von jemandem enttäuscht worden bin, war ich völlig am Boden zerstört. Der erste Gedanke, der mir in den Kopf schoss, war: Ich würde so etwas nie tun. Doch wir müssen endlich verstehen, dass nicht jeder so tickt und handelt wie wir selbst. Nicht jeder wünscht dir dasselbe wie du ihm. Diese Erwartungen können unser Leben bestimmen, und zwar auf eine schreckliche Art und Weise. Wir sollten auf das

Beste hoffen, auf das Schlimmste gefasst sein und die Dinge so nehmen, wie sie sind. Dieser Satz hat mein Leben mehr oder weniger verändert. Ich habe mich völlig davon los gerissen Erwartungen jeglicher Art an Menschen zu haben, und das war mein persönlicher Rettungsanker. Das hat nämlich dazu geführt, dass ich bei potenzieller Enttäuschung viel ruhiger bleibe und es einfach hinnehme, wie es kommt. Ich reagiere nicht mehr über. Es gibt keine Enttäuschung mehr, die mich so hart trifft, dass ich emotional werden könnte. Also zumindest trifft es mich nicht so hart wie früher, ich bin ja immerhin noch ein Mensch. Ein Mensch mit Gefühlen! Und natürlich heißt es nicht, dass man gar nichts mehr fühlt oder nichts mehr fühlen soll. Gefühle sind normal, egal ob es gute oder schlechte sind. Viel mehr geht es darum, sich nicht der Enttäuschung auszusetzen, die man sich selbst gewissermaßen aufbaut. Man kann es auch von der anderen Seite sehen: Die Menschen können auch nichts dafür, dass wir so hohe Erwartungen an sie haben. Genau gesehen ist keiner dazu verpflichtet, unsere Erwartungen zu erfüllen, und umgekehrt genauso. Das hält uns trotzdem nicht davon ab Sachen auf gewisse Weise für Menschen zu machen, da geht auch jeder wie ich schon sagte anders vor. Oft passiert der Fehler, dass wir das Wort „Erwartung" mit „Wunsch" verwechseln. Wenn man beispielsweise auf gewisse Veränderungen bei seinem Partner hofft, indem man in seinem Kopf Erwartungen aufbaut, die man nicht ausspricht, wird man lange hoffen können. Echt lange. Denn

Erwartungen können gut auf sich warten lassen. Währenddessen kommt man mit ausgesprochenen Wünschen schon viel weiter. Natürlich heißt es nicht, dass wir gar keine Erwartungen haben sollen, oder dass Erwartungen gar schlecht sind. Nur wir müssen lernen sie auf gewisse Weise zu reduzieren. Ist es nicht viel logischer, seine Bedürfnisse und Wünsche offenzulegen und direkt zu sein? Vielleicht schüttelst du gerade den Kopf, weil dir Situationen eingefallen sind, bei denen diese Taktik sich nichts gebracht hat. Ich weiß, dass es Menschen gibt, die gewisse Sachen nicht verstehen wollen, selbst wenn man es ihnen eine Million Mal sagt oder gar an den Kopf schlägt. Glaubt mir, wenn ich sage, dass ich das alles auch schon erlebt habe. Aber ich habe genauso die andere Seite gesehen. Ich möchte dazu sagen, dass es nicht an euch und an eurer Herangehensweise liegt, sondern am falschen Partner. Oder allgemein falschen Menschen in eurem Leben, das muss nicht nur der Partner sein. Das kann die Freundin sein, ein Arbeitskollege oder gar ein Familienmitglied. Doch schlechte Erfahrungen mit schlechten Menschen sollen nicht eure helle Zukunft definieren. Es gibt Menschen da draußen, die nicht nur auf Verbesserungsvorschläge reagieren, sondern auch diejenigen, die auf diese komplett eingehen. Unsere Aufgabe besteht darin, so gut wie möglich zu kommunizieren. Wenn wir respektvoll kommunizieren und Menschen in unserem Leben auf gewisse Dinge aufmerksam machen können, erledigen wir unseren Teil. Doch wenn diese nicht bereit sind auf unsere

Bedürfnisse zu schauen, müssen wir das verstehen und akzeptieren. Verschwende nicht deine Zeit und Energie damit diesen bestimmten Menschen ändern zu wollen. Diese Sturheit kommt nicht etwa davon, dass dieser Mensch dich nicht versteht, nein. Viel eher kommt es davon, dass der Mensch diese Dinge ganz einfach nicht tun möchte. Er möchte es nicht, viel direkter geht es gar nicht. Wenn wir für einen Menschen Liebe und Respekt haben, dann ist es für uns ganz natürlich auf ihn eingehen zu wollen. Das weiß ich, und das weißt du auch ganz genau. Also erneut zusammen gefasst: Erwartungen wurden gesetzt. Wünsche wurden ausgesprochen. Kommunikation war vorhanden. Sturheit war nicht durchzubrechen. So etwas nenne ich liebevoll „Wer nicht möchte, der wird's auch nicht tun.“ Verschwendete Energie an solche Menschen bringt dir schließlich leider gar nichts. Und ich weiß, dass es nicht leicht ist, so etwas einzusehen. Die Wahrheit wird immer eine Pille sein, die schwer zu schlucken ist. Doch wenn diese Einsicht dich trifft, ist das so als würdest du wieder klar sehen können. Je mehr Distanz du zu solchen Menschen aufbaust, desto klarer wird deine Sicht auf die Dinge, die geschehen sind. Mit jedem Schritt in die richtige Richtung wird dir klar, wie wenig du für diese Person hättest tun können. Und natürlich ist es wichtig, eine solche Situation nicht mit leeren Händen zu verlassen. Damit sind natürlich Erfahrungen gemeint. Um beim nächsten Mal etwas schlauer und erfahrener zu sein. Eigentlich kannst du aus jeder Situation als vermögender Mensch raustreten. Du kannst reich an Erfahrungen sein. Es kommt immer darauf an, wie man die Dinge betrachtet. Wenn du dich stattdessen am negativen festhalten möchtest, nur zu. Durch diese Erfahrungen kannst du aber beim nächsten Mal aufmerksamer sein, wenn du es willst. Du kannst genauer hinsehen und die Warnsignale klar und deutlich erkennen. Und zum Schluss des Kapitels gibt es eine kleine Reflexions-Runde. Menschen, die hohe Erwartungen haben, haben diese auch meistens an andere. Du kannst auf der nächsten Seite die jeweiligen Erwartungen vergleichen und etwas über diese nachdenken. Welche Erwartungen kann man denn von seiner Liste löschen? Das liegt ganz bei dir.

Erwartungen an dich selbst:

Erwartungen an andere:

Phase 3

Du bist dein Umfeld

Über das Umfeld habe ich so viel zu sagen. Viele Menschen unterschätzen dieses Thema, oder verdrängen es, weil sie es nicht hören wollen. Doch egal wie sehr man eine Sache nicht wahrhaben will, Fakten bleiben nun mal Fakten. Keiner kann diesbezüglich meine Meinung ändern. Du bist dein Umfeld, und dein Umfeld bist du. Die große Frage ist: Tut dir dein Umfeld gut? Wenn ja, dann ist das etwas Schönes und etwas, wofür man dankbar sein sollte. Wenn deine Antwort Nein ist, dann weißt du wenigstens, dass du nicht allein damit bist. Sehr viele Menschen machen diese Phase im Leben durch. Freunde kommen und Freunde gehen, Gruppen lösen sich auf oder bilden sich neu. Manchmal steckt da auch nichts Großes dahinter, man lebt sich einfach auseinander und das ist völlig normal. Das kommt nun mal vor. Doch allerdings trennen sich die Wege auch auf traurige Weise. Alles gehört zum Leben dazu, das muss man einfach verstehen und hinter sich lassen. Bei manch dieser Trennungen sollte man dankbar sein, selbst wenn man es nicht direkt versteht. Es ist nur so, dass man es in dem Moment nicht sehen kann, man tendiert sogar dazu eher emotional zu sein, anstatt es logisch zu betrachten. Oft gab es Zeiten in meinem Leben, wo ich die Loyalität gewisser Menschen anzweifeln musste. Das, was gesagt wurde, passte nicht mit dem zusammen, das getan wurde. Da erkennen sich bestimmt einige Menschen wieder. Jedenfalls wurde viel Energie verschwendet, aber das ist nicht wirklich schlimm. Schlimm war nur das Gefühl, von den Menschen ausgenutzt zu werden, die man als wichtig empfand. Egal, was man im Leben tut, die Freude und Liebe, die man verteilt hat, ist nicht etwas, das man bereuen sollte. Niemals. So etwas könnte ich niemals bereuen, und das habe ich auch nicht. Was ich allerdings bereue ist, dass ich nicht viel eher erkannt habe, mit was für selbstsüchtigen Menschen ich zu tun hatte. Menschen, die nichts anderes im Sinn haben, außer ein Stück von mir zu nehmen. Endloses nehmen ohne jegliche Gegenleistung. Menschen, die sich hinterfragen lassen, gehören allerdings nicht mehr zu meinem Leben. So viel kann ich sagen. Doch bis dorthin war es natürlich ein langer Weg. Ein langer und schmerzhafter Weg. Heute verschwende ich nicht viel Zeit mit Menschen, weil ich nicht viel Zeit benötige, um herauszufinden, ob wir auf derselben Wellenlänge sind. Denn das ist mir wichtig. Ich möchte von Menschen umgeben sein, die für mich dasselbe empfinden wie ich für sie. Menschen, die mir denselben Respekt entgegenbringen wie ich ihnen. Die mich als Menschen sehen und nicht als etwas, dass sie ausnutzen können. Wo man sich nur meldet, wenn man selbst etwas benötigt. Wo man mich auf jegliche Art auslaugt und dann wegwirft, weil man genug bekommen hat. Ich bin froh, dass ich immer ausreichend Energie besessen habe, selbst zu diesen Zeiten. Denn ohne diese Energie wäre ich nicht da, wo ich heute bin. Komplett geheilt und stabil. Komplett distanziert von früheren Vorfällen. Früher konnte ich nicht daran denken oder geschweige denn darüber sprechen, ohne emotional auszubrechen. Aber heute stehe ich ganz neutral dazu. Es ist ein Mix aus emotionaler Intelligenz, Akzeptanz der Dinge und reiner Heilung von der eigenen Seele. Ich hinterfrage diese Geschehnisse nicht mehr, ich erkenne sie als Lehre an. Ohne diese Erfahrungen wäre ich nicht diese starke Person, die ich heute bin. Und ohne diese Erfahrungen wüsste ich vielleicht immer noch nicht, worauf ich bei der Suche nach Freuden achten muss. Ich weiß, dass da jeder anders ist, aber ich war ein Teenager, der viele verschiedene Phasen hatte. Aber was auf jeden Fall klar war, war, dass ich viele Freunde hatte, immer und überall. Unter Menschen war ich schon immer ziemlich beliebt gewesen, wegen meiner offenen Art. Ich meine es gab diese Zeit, in der ich als Kind ein paar Jahre lang gemobbt wurde, doch das ist eine ganz andere Story. Für mich war es das leichteste der Welt Menschen anzusprechen oder ihnen das Gefühl zu geben, als würden sie mich ewig kennen. Das ist heute eigentlich genauso, denn meine Art und meinen Charakter kann ich nicht komplett ablegen. Aber drumherum hat sich eben sehr viel verändert. Ich bin viel vorsichtiger und nicht mehr so naiv, wobei meine Naivität darin lag immer das Beste in Menschen zu sehen. Und es ist zwar schön, eine solche positive Einstellung zu haben, aber noch schöner ist es, das große Ganze sehen zu können und sich nicht von Menschen enttäuschen zu lassen. Stimmst du mir zu? Jedenfalls möchte ich meine Zeit nicht mehr mit den falschen Menschen verschwenden, denn heute weiß ich, wie wertvoll sie ist. Ist es nicht viel schöner seine Zeit mit den Menschen zu verbringen, von denen man geliebt, respektiert und wertgeschätzt wird? Glaubt mir, wenn man einmal von solchen Verbindungen gekostet hat, will man gar nichts anderes mehr im Leben haben. Zurück zum eigentlichen: Dein Umfeld bist du, und du bist dein Umfeld. Was deine Freunde tun, wirst du eines Tages mit hoher Wahrscheinlichkeit auch machen. Man ist mit Menschen befreundet, von denen man weiß, dass sie dieselben Werte vertreten wie man selbst. Der Moralkompass zeigt meistens auch in eine ähnliche Richtung. Es gibt seltene Ausnahmen, das weiß ich auch. Natürlich gleicht man sich nicht zu 100 % und es gibt gewisse Aspekte, wo man abweicht, aber im Großen und Ganzen befindet man sich auf derselben Wellenlänge. Wenn du mit jemandem bist, der ohne Ende lästert, jeden kritisiert und verbittert ist, nimmst du doch genauso an dieser Energie teil. Ich für meinen Teil würde nichts mit solchen Menschen zu tun haben wollen. Weil ich solch ein Verhalten nicht vertrete. Wenn Menschen zu mir kommen, um über andere zu lästern, dann lästern sie bei dem Nächstbesten genauso über mich. Also mach‘ mal deine Augen auf und lausche mit deinen Ohren, was eigentlich in deinem Umfeld so abgeht. Welche Werte werden gepriesen und welche Energie wird verteilt? Und meistens sind Menschen, die sich in einer Gruppe versammeln, mit Ähnlichkeiten verbunden. Sie teilen ungefähr dieselben Ansichten, haben gleiche Interessen und verachten meistens sogar dieselben Dinge. Natürlich kommt es dann darauf an, in welche Richtung die Ansichten und Interessen gehen. Und natürlich behaupte ich nicht, dass Freunde absolut gleich sein müssen. Dass sie nicht von ihrem Freundeskreis abweichen können und kein eigenes Leben haben. Ich rede lediglich von Ansichten. Ich könnte etwa nicht mit jemandem befreundet sein, der rassistisch ist, weil ich das ganz simpel nicht vertrete. Einfach mal ein kleines Beispiel. Und so stelle ich mir auch eine perfekte Freundschaft vor. Jedenfalls machen Menschen nicht immer das Beste aus ihrem Leben oder haben nicht immer die besten Interessen. Sie haben auch nicht die beste Einstellung oder die beste Energie. Manche dieser sogenannten Freunde können einen förmlich aussaugen. Sie nehmen einem die ganze Energie und merken es meistens nicht einmal. Im besten Fall empfinden sie sogar Neid oder Eifersucht, das kann verschiedene Gründe haben. Und obwohl ich weiß, dass nicht jeder Mensch gut ist und das Richtige tun will, frage ich mich trotzdem manchmal, wie es so weit kommen kann. Nun, wir werden es wahrscheinlich nie erfahren. Aus eigener Erfahrung kann ich euch nur sagen, dass ständige nehmen, wird euch eines Tages auslaugen. Eine Freundschaft sollte nie einseitig sein, es ist ein Geben und Nehmen. Ohne einen Zwang. Es muss einfach natürlich sein und das funktioniert, auch wenn man die richtigen Leute um sich hat. Doch bevor man auf die richtigen Menschen trifft, muss man viel Geduld haben und einiges einstecken können. Früher hat mich das vollkommen fertig gemacht, aber heute weiß ich, dass alles aus einem bestimmten Grund passiert. Und ich weiß, dass jede Erfahrung mich nur reicher machen kann. Reicher und stärker. Man muss sich selbst entscheiden, wie man es sehen möchte. Willst du den Schmerz einer Sache tragen, die nicht mehr rückgängig gemacht werden kann oder willst du nach vorn schauen und die Erfahrung zu deinem Vorteil nutzen? Es liegt ganz bei dir. Es ist die Sicht auf die Dinge, die alles im Leben bestimmt. Du hast dein Leben in der Hand, und da kann kein anderer dazwischen pfuschen, außer du lässt es zu! Entscheide dich für dich, und lass die Vergangenheit ruhen. Sie wird dich nicht weiter bringen, sie kann dich nur stärker machen, als du schon bist. Entscheiden wir uns endlich für Menschen, die uns mit ihrer Anwesenheit guttun. Entscheiden wir uns für das richtige. Meistens wissen wir, ob die Menschen in unserem Umfeld uns guttun oder nicht, selbst wenn es seine Zeit benötigt. Eines Tages weiß man es einfach. Danach geht es eigentlich um den Mut, sich von diesem toxischen Umfeld zu lösen. Und ich sage nicht, dass es leicht ist. Das ist eine Sache, die ihren Tribut nimmt. Das steht außer Frage. Aber nur weil etwas schwer ist, heißt es nicht, dass es so weitergehen kann. Es wird endlich Zeit, der Wahrheit ins Auge zu blicken und das Richtige zu tun. Entscheide dich für die Menschen, die sich Kleinigkeiten merken und dir dieselbe Aufmerksamkeit entgegenbringen wie du ihnen. Wo kein

Konkurrenzkampf herrscht, sondern Fairness und Verständnis. Ignoriere nicht die Anzeichen, nur weil du Angst davor hast, das etwas passieren könnte, wenn die Person nicht mehr da ist. Da draußen sind so viele tolle Menschen, die nur darauf warten, auf dich zu treffen. Menschen, die du einfach verdienst im Leben zu haben. Willst du positiver im Leben sein? Dann häng mit positiveren Menschen ab. Willst du sportlicher werden? Schließe Freundschaften im Fitnessstudio. Willst du Freunde, die dich deiner Religion näher bringen? Schau dich in der Moschee um. Möchtest du jemanden, der dieselbe Liebe und Leidenschaft zu Büchern hat? Dann halt die Augen in der Bibliothek offen. Und so geht es eben weiter. Wichtig ist es, Initiative zu ergreifen und zu handeln! Vielleicht ist es leichter gesagt als getan, aber du bist für dein Glück selbst verantwortlich, und kein anderer. Wichtig ist es, dass man sich selbst treu bleibt und sich nicht für andere verstellt. Sei du selbst, denn wenn du so bist wie jeder andere, wer wird so sein wie du? Falls du jemand bist, der gerade aufgrund der Suche nach richtigen Freunden verzweifelt ist, kann ich nur eines sagen: Es braucht seine Zeit. Bei manchen klappt es schneller als bei anderen. Und oft sind perfekte Freundschaften, die wir bei anderen sehen, nicht mehr als eine gute Theaterdarstellung. Ich habe das oft genug gesehen! Nach außen hin scheint alles perfekt zu sein, doch in Wahrheit hassen sich diese Menschen aus tiefstem Herzen. Sucht niemals etwas Perfektes! Wir sind Menschen und zu uns Menschen gehören nun mal kleine oder große Fehler. Das einzige, das man in dem

Fall tun sollte ist, immer an sich selbst zu arbeiten. Man sollte immer Verständnis aufbringen und versuchen, nicht auf alles direkt zu reagieren. Man sollte miteinander reden können, ohne dass direkt die Fetzen fliegen. Und da kommt Respekt ins Spiel. Wer keinen Respekt für andere aufbringen kann, soll sich nicht wundern, weshalb ihm keiner entgegengebracht wird. Wie zuvor erwähnt, es ist ein Geben und Nehmen. Man kann es sich so vorstellen: Freundschaft besteht aus zwei großen Bestandteilen. Die Freude, wenn man durch Ähnlichkeiten verbunden ist, und der Respekt für das, wodurch man unterschieden wird. Ich habe viele Menschen in meinem Leben getroffen, mit vielen war ich befreundet und mit vielen habe ich tolle Zeiten gehabt. Dafür bin ich unheimlich dankbar. Doch retrospektiv kann gesagt werden, dass es keine Menschen fürs Leben waren und das ist auch völlig okay so. Menschen fürs Leben sind jene, die dir denselben Halt bieten können wie du ihnen. Die größte Negativität in meinem Leben habe ich nur durch Abstand von bestimmten Menschen eliminieren können. Je mehr Abstand ich gewann, desto klarer wurde meine Sicht auf die Dinge, die geschehen waren. Wie der Umgang tatsächlich war. Einfach die traurige Realität. Die Dinge, die ich damals als normal empfand, würden mir heute nicht passieren. So wie ich von bestimmten Menschen ausgenutzt wurde, das wird nie wieder passieren. Nicht so lange ich genug Respekt für mich selbst aufbringen kann. Damit will ich sagen, dass man durch diese Erlebnisse nur stärker und klüger rauskommen kann. Ich will es auch nicht so darstellen, als hätte es bei mir direkt geklappt, nein so war es nicht. Man benötigt seine Zeit, um so etwas zu verstehen und auch zu verarbeiten. Das ist völlig normal. Aber man sollte sich nicht zu viel Zeit lassen. Lasst euch nicht von vergangener Ungerechtigkeit die Lebensfreude für neues nehmen. Das Leben ist viel zu schön! Zumindest kann es schön sein, mit den richtigen Menschen an der Seite. Und um ganz ehrlich zu sein, ich bin lieber allein als mit den falschen Leuten an meiner Seite. Mit dem allein sein habe ich kein Problem. Ein Problem habe ich mit falschen Freunden, die eigentlich keinesfalls meine Freunde waren.

Phase 4

Allein mit mir selbst.

Viele Menschen haben große Angst davor allein zu sein, und ich bin froh dir dieses Thema näher bringen zu dürfen. Das ist nämlich mein persönliches Lieblingsthema. Ich bin ein Mensch, der es liebt allein zu sein, und das war schon immer so und wird wahrscheinlich auch so bleiben. Auf der anderen Seite bin ich auch ein vollkommen offener und gesellschaftlicher Mensch, der sehr aktiv unter Menschen sein kann. Ich bin ein extrem extrovertierter Mensch. Gleichzeitig genieße ich nichts mehr als meine eigene Gesellschaft. Ich denke, man kann beides lieben, und ich würde behaupten, dass ich die perfekte Mitte lebe, wenn es um diese Dinge geht. Doch mittlerweile bin ich davon überzeugt, dass ich meine eigene Gesellschaft gegenüber anderen Dingen fast bevorzuge. Dieser Gedanke kommt mir einfach viel zu oft. Viele Menschen stellen „allein sein" als bemitleidenswert und traurig dar, was ich gar nicht nachvollziehen kann. Deshalb bin ich froh, euch die Vorteile davon präsentieren zu dürfen. Allein zu sein bedeutet nicht etwa, dass man einsam ist, das sind nämlich zwei komplett unterschiedliche Dinge. Es gibt sogar Momente, in denen man sich in einem Raum voller Menschen einsam fühlt. Wohingegen man sich allein sogar sehr wohl und geborgen fühlen kann. Es ist definitiv Ansichtssache. Doch das physikalische allein sein lässt mich nie oder selten Einsamkeit empfinden. Doch psychische Einsamkeit habe ich natürlich auch im Leben erlebt, da ging es aber eher um wichtige Menschen, die diese Welt verlassen haben. Also Trauer. Trauer, gepaart mit Einsamkeit. Jedenfalls herrschen da gewisse Vorurteile dem Thema gegenüber. Ich werde dir die Schönheit des allein Seins näher bringen. Gewisse Menschen haben Angst davor und binden sich deshalb stark an andere Menschen. Ich denke, es ergibt Sinn, dass man dann in gewisser Weise abhängig von diesen Menschen wird. Woher kommt diese große Angst davor? Bei manchen ist die Angst eher klein und bei anderen schon richtig problematisch und groß. Allein Einkaufen geht klar, aber eine Nacht allein zu verbringen wäre schon fast ein Albtraum für sie. Und dann gibt es Menschen, die nicht einmal einen einzigen Tag allein verbringen können. Ich denke, man kann aber von jedem Standpunkt aus anfangen, um an sich selbst zu arbeiten und sich kleine oder große Ziele setzen, je nachdem wie viel man sich selbst zutrauen kann. Ich hatte Freunde im Leben, die vor Jahren nicht mal allein Müll wegschmeißen konnten, aber heute schon fast alles allein machen können. Und sie lieben es! Ständig wurde ich für meine Fähigkeit bewundert, meine eigene Gesellschaft genießen zu können. Ich denke, dass man sich selbst dadurch besser kennenlernen kann, was auch zur Selbstliebe und Akzeptanz führen kann. Man erfährt so viele Dinge über sich selbst und jedes Mal ist etwas Neues dabei! Die Reise der Selbstentdeckung kann etwas so Schönes sein. Also beginnen wir mal mit den Tipps für jene, die Angst davor haben. Wieso sollte man Angst davor haben? Man ist mit der Person, die einem am nächsten stehen sollte, die Person, die wirklich hinter einem steht. Wenn du dich auf dich selbst nicht verlassen kannst, auf wen solltest du dich denn sonst in diesem Leben verlassen können? Du stehst an erster Stelle. Oder zumindest sollte das so sein. Man sollte sich selbst etwas mehr vertrauen und sich vor allem auch mehr zutrauen. Wir können viel mehr, als wir glauben. Die Zeit allein kann dafür genutzt werden, um Hobbys nachzugehen oder um neue Interessen zu entwickeln. Vielleicht wartet ja ein neuer Stadtteil auf dich, der entdeckt werden möchte! Nimm dir ein Buch und etwas zu schreiben mit und mach dich auf den Weg. Setz dich in den Park oder in ein kleines Café. Genieß die Zeit mit dir selbst und lies in deinem Buch. Oder vielleicht kannst du die Zeit nutzen, um deine Gedanken niederzuschreiben. Reflektieren, schreiben und entspannen. Für diesen kurzen Moment gehört die ganze Welt nur dir. Und du willst mir sagen, dass dir das nicht gefallen würde? Dann gibt es noch eine weitere Etappe des allein sein, die ich liebe und es nennt sich: People Watching. Man sitzt einfach da und beobachtet die Menschen und das Umfeld im Allgemeinen. Das klingt im ersten Moment etwas komisch, aber man sitzt einfach da und lässt alles auf sich wirken. Die verschiedenen Menschen, die vorbeigehen oder die Autos die vorbei fahren. Man genießt die Atmosphäre und alles, was der Moment sonst noch zu bieten hat. Solche Momente eignen sich auch vielleicht dazu, um ein Gespräch mit neuen Menschen anzufangen, aber wir wollen ja nicht von 0 auf 100 gehen. Also alles schön langsam und entspannt. Und was meine ich eigentlich mit Gespräch anfangen? Beispielsweise mit der Person, die deine Bestellung aufnimmt, natürlich nur dann, wenn es nicht überfüllt ist und man klar sieht, dass das Gegenüber auch offen dafür ist. Small Talk. Nichts Weltbewegendes. Es muss nichts Großartiges sein, vielleicht kann man fragen, welches Getränk denn empfehlenswert ist. Oder ein Kompliment? Ich merke, dass es auf mich eine positive Wirkung hat, wenn sich eine Person über ein Kompliment freut. Wir profitieren alle davon! Ich selbst weiß wie schön es ist eine nette Bemerkung von einer fremden Person zu erhalten. Du weißt doch selbst, wie schön das sein kann. Man behält es sehr lange im Kopf. Und so möchte ich eben genauso im Kopf anderer Menschen bleiben. Du weißt nie, was für einen Tag ein anderer Mensch gerade hat und ob er nicht gerade deinetwegen etwas besser wird. Wo manche Menschen dafür sorgen, dass andere einen schlimmen Tag durchmachen müssen, kann man selbst für das Gegenteil sorgen. In jedem Fall kann es nur zu etwas Gutem führen! Ich bringe euch ein paar Beispiele:

Coole Schuhe!

Ich mag die Farbe deines Kopftuches.

Das Kleid steht dir so gut!

Ich finde deine Tasche echt süß.

Der Pulli sieht toll aus!

Die Frisur ist mega schön.

Ich mag deine Sommersprossen!

Mir gefällt deine Ausstrahlung.

Siehst du, wie einfach das geht? Ein paar Worte und schon kannst du den Tag einer Person positiv beeinflussen. Ich weiß, dass nicht jeder sich leicht damit tut, aber ich halte das für den perfekten Weg, um zu lernen, etwas offener zu sein. Geh mehr aus Dir raus! Dass man so etwas offen zu einer fremden Person sagen kann, zeugt aber auch von Selbstbewusstsein. Ich fühle mich in meiner eigenen Haut so wohl und habe keine Angst, auf andere zuzugehen. Aber nicht auf eine unangebrachte Art und Weise. Man muss dazu sagen, dass dafür immer ein passender Ort und eine passende Zeit gegeben sein muss. Damit meine ich, dass man schon einschätzen muss, ob es gerade richtig ist jemanden überhaupt anzusprechen. Manchmal haben wir es eilig oder sind gestresst und haben einfach keine Zeit dafür oder nehmen es nicht einmal richtig wahr. Aber das ist nicht schlimm! Das gehört eben dazu. Jedenfalls kann man so lernen, die Grenzen zu überschreiten, die man sich selbst gesetzt hat. Und irgendwann wird es zur Normalität und andere Dinge kommen einem schon gar nicht wichtig vor. Denkst du, dass die Leute so viel Zeit haben, um sich mit dir zu beschäftigen? Die anderen haben genauso ihre eigenen Gedanken und Sorgen. Und selbst wenn es nicht dieselben Sorgen sind, so sind sie dennoch viel zu sehr auf sich selbst fokussiert. Du bist nur ein flüchtiger Gedanke, der mit einem Windhauch zu vergleichen ist. So wichtig sind wir nicht, dass andere uns mehr wahrnehmen als sich selbst. Diese Einsicht kann so vieles vereinfachen. Du lebst in deiner eigenen kleinen Welt, und keiner kann in diese Welt eintreten, solange du es nicht zulässt. Du musst dein inneres Reich beschützen, so wie du viele andere Dinge in deinem Leben schützt. Oft sind darunter auch Sachen, die halb so wichtig sind wie deine innere Welt und dein Seelenfrieden. Was kann schon wichtiger sein als das? Ich würde gerne die Antwort darauf hören. Dort fängt nämlich alles an. Und alles andere folgt sozusagen. Das innere muss stimmen, damit alles andere sich einreihen kann. Gib dir selbst eine Chance. Gib dir selbst eine Chance, um deine innere Welt überhaupt mal kennenzulernen. Und so wie du hoffentlich aufmerksam in der Schule warst und stets brav mitgeschrieben hast, musst du das jetzt genauso machen. Du musst aufmerksam sein und mitschreiben. In Form von „journaling" oder wie du es nennen magst. Hör dir selbst zu und schreib mit. Schreib auf, was dir deine innere Welt so verrät, daraus kannst du nur schlau werden. Wie wertvoll diese Informationen sind, wirst du erst mit der Zeit erfahren. Schritt für Schritt, denn alles benötigt seine Zeit. Wir wollen ja nicht alles auf einmal und direkt erzwingen. Man könnte es wie einen Spaziergang beschreiben, der uns zu unserem Ziel führt. Doch beim Spaziergang geht ja nicht nur um das Ziel, nicht wahr? Es gilt auch alles, dass man auf dem Weg trifft zu betrachten und zu genießen. Denn das gehört auch eben dazu. Es geht nicht immer nur um das Ziel selbst, es ist der Weg, der uns dorthin führt. Ich finde es auch wichtig zu erwähnen, dass es eine gewisse negative Seite zu diesem Thema gibt. Und zwar dass man alles in Maßen genießen sollte, auch das allein sein. Denn zu viel von einer Sache wird nie gut für uns sein. Zu lange allein zu sein führt dazu, dass man zu tief in seinem Kopf stecken bleibt. Es ist so, dass uns dadurch die Perspektive fehlt und wir uns einbilden, allein mit allem zu sein. Wortwörtlich. Aber damit will ich nur sagen, dass man niemals denken sollte, dass man allein mit seinen Problemen oder Sorgen ist. Jeder Mensch ist davon betroffen, auf die eine oder andere Art. Und nein, man soll sich auch keinen Komfort aufbauen, indem man sich darüber freut, dass andere Menschen auch Probleme haben. Man soll sich ja nicht darüber freuen. Es soll lediglich für Perspektive und Vergleich sorgen. Ich spreche aus eigener Erfahrung, wenn ich sage, dass mich das oft aus einem dunklen Loch geholt hat. Durch ein einziges Gespräch mit einem Menschen kann sich vieles verschieben. Die Sicht auf die Dinge wird auf einmal eine ganz andere. Und hey, das ist natürlich keine Magie, die dafür sorgt, dass alles auf einmal perfekt wird. Aber es sorgt für eine Sichtverschiebung, die viele von uns nötig haben, wenn wir zu tief in unseren eigenen dunklen Gedanken gefangen sind. Es sorgt für einen klaren Blick. Für einen kleinen Vergleich. Gerade dann, wenn es am schwierigsten ist herauszugehen und frische Luft zu schnappen oder sich mit einer Person zu treffen, gerade dann haben wir es am nötigsten. So sehe ich das zumindest. Probleme sind Probleme. Aber durch unsere Emotionen und übertriebenen Gedanken, verstärken wir alles und unsere Fantasie tendiert dazu alles zu dramatisieren. Und das bleibt auch so lange, bis wir einen gewissen reality-check bekommen. In dem Fall ist ein reality-check ein simples Gespräch mit einem anderen Menschen. Bitte unterschätze nicht die Macht der Realität, oft ist sie genau das, was uns fehlt. Ich werde wahrscheinlich für immer ein Mensch sein, der das allein sein genießen wird, doch bin ich auch dadurch jemand, der oft die Realität der anderen sehen muss. Ich komme wirklich gut klar damit, doch dann möchte ich mir nicht vorstellen, wie es für jemanden ist, der es in dieser Hinsicht nicht so einfach hat wie ich. Doch wie ich schon sagte, alles in Maßen genießen. Es kann die beste Sache der Welt sein, und dennoch wird jeder von uns eine gewisse Pause davon benötigen. Als Beispiel kannst du wirklich alles einsetzen und selbst nachdenken. Ein geregeltes Kommen und Gehen wäre perfekt. Unter Menschen zu sein ist schön und Zeit für sich selbst zu haben genauso. Oft ist alles, was wir brauchen, nur eine Unterbrechung von dem, was wir gerade tun, nur um was anderes zu tun. Das Monotone kann einem echt zu Kopf steigen. Und das geht viel schneller, als du denkst. Wenn du allein sein kannst, und dabei sogar richtig Spaß hast, strahlst du damit unglaubliches Selbstbewusstsein aus. So wird mir das zumindest gesagt. Du sagst damit, dass du von keinem abhängig bist. Es strahlt auch eine gewisse Charakterstärke aus. Vielleicht inspirierst du ja damit die Menschen in deinem Umfeld genauso. Du gehst mit Beispiel voran und sagst damit, dass man überhaupt keine Angst davor haben muss. Indem du anderen Kraft gibst, verlierst du eigentlich nichts an Energie. Im Gegenteil, dein eigener Energie-Tank kann davon nur voller werden. In allem, was wir tun, steckt so viel Schönes, es verlangt nur danach entdeckt und gesehen zu werden. Rede deine Taten nicht klein, rede sie so groß, dass es andere zum Staunen bringt. So entstehen großartige Persönlichkeiten. Und willst du nicht zu dieser Art von Menschen gehören? Ich denke, dass du genau das willst. Doch wollen und wünschen wird dich nicht voranbringen. Du musst dich bewegen und was dafür tun. Tu etwas für dich. Auf der nächsten Seite kannst du dir Aktivitäten aufschreiben die du in nächster Zeit mal allein durchführen möchtest. Es könnte ein Museumsbesuch, Spaziergang durch die Stadt oder ein Frühstück im Café sein. Lass deinen Wünschen freien Lauf!

Aktivitäten die du demnächst allein machen willst:

Phase 5

Lass sie reden.

Wie oft treffen wir auf Menschen, die uns sagen wollen, was wir sind und was nicht? Sie versuchen uns mit ihren Worten in denselben Abgrund zu treiben, in dem sie sich selbst befinden. Ich denke, es ist kein Geheimnis, dass nicht jeder uns das Beste wünscht, selbst wenn wir keinen Grund für so ein Handeln geben. Ich bin hier, um dir zu sagen, dass diese Art von Menschen keinen Grund dafür benötigen. Und du bist auch nur ein Mittel zum Zweck. Nur eine Haltestelle, damit sie ihren Hass abladen können. Nicht mehr und nicht weniger. Sie werden durch reinen Hass angetrieben, doch lass dich nicht davon täuschen. Dieser Hass gilt nicht etwa dir, sondern der Person selbst. Diese Menschen werden es sich vielleicht nicht eingestehen können, doch genau das ist der Fall. Das ist die Wahrheit. Wir wissen alle, wie schwer es ist, die Wahrheit so zu akzeptieren, wie sie ist, doch wie schwer muss es sein, sich selbst eingestehen zu müssen, dass man nur aus Hass besteht? Wie schwer muss es sein, mit dem Gedanken zu leben, dass man nichts für sich selbst übrig hat außer Hass? Das übersteigt meine Vorstellungskraft in jeglicher Hinsicht. Hass, der nach außen hin vielleicht anderen gilt, doch in Wahrheit nur einen selbst betrifft. Meine Dankbarkeit reicht ins unendliche, dass ich niemals so empfunden habe. Diese Menschen sind einfach nur krank und sie wissen es wahrscheinlich nicht einmal. Für alles gibt es eine Heilung, doch nicht jeder möchte diese auch. Offen gestanden bin ich auch nicht hier, um dieser Art von Menschen eine bessere Zukunft zu versprechen. Ich bin nicht hier, um ihnen Hoffnung zu geben oder ihnen eine Heilung zu versprechen. Meine Aufgabe in dieser Angelegenheit ist eine ganz andere. Ich bin hier, um den Opfern, die von solchen Ungeheuern terrorisiert werden, eine bessere Zukunft zu versprechen. Eine Zukunft, in der dir keiner mehr so leicht wehtun kann. Zumindest psychisch nicht. Von einem Schlag kann man sich auch leichter erholen als von Worten. In den meisten Fällen zumindest. Jeder von uns war sicherlich Opfer von solchen Leuten. Jede Erfahrung ist anders und kann von harmlos bis zu sehr schlimm reichen. Diese Art von Hass kann uns auf verschiedenste Arten treffen, sei es im echten Leben oder im Internet. Doch seien wir mal ehrlich, den meisten von ihnen fehlt doch das Rückgrat, um die Dinge, die sie denken, einem Menschen ins Gesicht zu sagen. Bleiben wir doch mal realistisch. Sie benötigen die Anonymität, die sie ja so sehr schützt. In dieser Anonymität verbringen sie auch ihr jämmerliches Leben. Stell dir vor, du bist so arm dran, dass du nicht mal hinter dem stehen kannst, was du zu sagen hast? Ist das nicht schon Zeichen genug, um zu sehen, wie armselig diese Personen sind? Ihre Worte und Meinung tragen so wenig Gewicht, dass sie nicht mal selbst dahinterstehen wollen. Man könnte auch sagen, dass sie nicht einmal dahinter stehen können weil sie Angst haben. Angst davor hinter ihren eigenen ekelhaften Worten zu stehen. Und wie kann das wichtig für dich sein? Wie können dir Worte wichtig sein, die von einer Person kommen, die sich vorerst verstecken muss, um diese auszusprechen? Allein das zeigt doch schon, wie irrelevant das ist, was sie zu sagen haben. Keiner schenkt ihnen Gehör im wahren Leben, und deshalb suchen sie ein anderes Ventil. Aber mit möglichst viel Schutz durch Anonymität. Ich sage es nicht zum ersten und nicht zum letzten Mal: Es geht nicht um dich. Es ging nie um dich und es wird nie um dich gehen. Das ist viel tiefgründiger, als du glaubst. Die Person ist bitter und frustriert, und weiß nicht, wohin mit ihrem Hass. Irgendwohin muss es ja hinfließen. So wie wir unsere gute Energie an andere verteilen wollen, so wollen diese das Gegenteil erreichen. Doch das ist erst der Anfang. Das eigentliche Spiel fängt an, wenn du darauf reagierst. Ich werde einen Tipp mit dir teilen, der Millionen wert ist. Geh nicht drauf ein. Ich weiß nicht, wie du das siehst, aber wenn man mich fragt ist das die genialste Taktik, die es gibt. Und es macht auch Sinn! Die Leute ernähren sich von deiner Reaktion, denn das löst eine Diskussion aus. Es ist wahrscheinlich das Gespräch, das sie suchen, weil sie im wahren Leben niemanden zum Reden haben. Sie sind nun mal so uninteressant, dass ihnen kein Mensch zuhören will. Und so suchen sie die Aufmerksamkeit bei dir. Das wichtigste ist, dass du ihnen deine Aufmerksamkeit nicht gibst. Um keinen Preis der Welt. Überleg dir mal, sind solche Menschen deine Zeit überhaupt wert? Sind sie es wert, dass du deine Nerven an sie verschwendest? Sind sie etwa so wichtig, dass du ihnen Zugang in deinen Tag gewährst? Zugang zu deiner Energie? Absolut nicht. Das Erste und wichtigste ist es, auf keinen Fall darauf einzugehen. Ein Beispiel wäre eine anonyme Nachricht, die man im Internet bekommt. Ich habe mich zeitweise intensiv mit diesem Thema beschäftigt und mich mal in die Rolle dieser Leute versetzt. Was erwartet man sich von solchen Nachrichten? Was will diese Person bei dir erreichen und was möchte sie vor allem auslösen? Die ganze Aktion ergibt keinen Sinn, wenn du es nicht mal zu einem Anfang kommen lässt. Du beendest es, bevor es überhaupt losgehen kann. Lass es mich erklären. Die Nachricht ist nur der Beginn von allem. Sobald du darauf eingehst, beginnt das Spiel für sie. Sie werden richtig aufgeregt und es beginnt eine hitzige Diskussion. Ihr schreibt hin und her, im besten Fall macht die Person noch Screenshots und bespricht die ganze Lage mit jemandem, der genauso traurig ist wie sie selbst. Verstehst du, was ich sagen will? Durch eine Reaktion lässt du zu, dass etwas beginnt, das nicht von Vorteil für dich ist. Was gewinnst du dadurch? Genau nichts. Wo liegt der Vorteil für dich? Aber wenn du nicht darauf eingehst und es kalt ignorierst, gewinnst du an Geduld und Stärke. Und die Gewissheit, dass die Person auf der anderen Seite konstant überprüfen muss, ob du geantwortet hast, ist einfach zu gut. So ist es nämlich auch. Das ist die traurige Realität für diese Menschen.

Egal, was diese Menschen versuchen würden mir zu sagen, keiner könnte mich vom Gegenteil überzeugen. Ganz abgesehen davon, dass ich meine kostbare Zeit niemals mit solchen Untermenschen verschwenden würde. Nun, wie läuft das Ganze ab? Sie warten permanent, prüfen nach, ob du die Nachricht wenigstens geöffnet hast. Doch es interessiert dich nicht. Aus den Augen aus dem Sinn. Du machst wie gewohnt weiter und lebst dein Leben. Das Leben, das sie anscheinend so sehr triggert. Und genauso wie du mit deinem Leben weiter leben musst, müssen sie das auch. Verstehst du, worauf ich hinaus will? Entscheide du dich dein Leben weiterhin zu genießen und lass sie von der Seite zusehen. Das alles hat nichts mit dir zu tun, und deshalb gehst du auch nicht darauf ein. Indem man sich auf solche schmutzigen Menschen einlässt, beschmutzt man automatisch sich selbst. Und vor allem beschmutzt man dadurch auch seine reine Energie. Und das würde ich mir niemals antun, dafür bin ich mir viel zu wertvoll. Aber denkst du, dass ich immer schon so war? Glaub mir, das war nicht der Fall. Doch man lernt durch seine Fehler. Ich versuche durch meine Fehler nur reicher zu werden. Fehler nehmen, seine Lektion draus ziehen und einfach weiter machen. So und nicht anders. Anders kann ich es mir gar nicht mehr vorstellen. Ich bin der Mittelpunkt meines Lebens, und kein anderer Mensch bestimmt, wie mein Leben verläuft. Du darfst niemals die Kontrolle über dein Leben, deine Gedanken oder deine Gefühle einem anderen Menschen überlassen. Du bist für dich selbst verantwortlich.

Genauso wie du selbst für dein Glück verantwortlich bist. Und mal ehrlich, denkst du, dass diese Menschen glücklich sind? Denkst du, dass diese Menschen erfolgreich sind? Denkst du, dass diese Menschen zufrieden mit sich selbst sind? Falls du die Antworten auf diese Fragen nicht kennen solltest, bin ich hier, um dir zu verraten, wie es wirklich ist. Kein glücklicher Mensch, der mit sich selbst und seinem Leben zufrieden ist, wird jemals so was machen. Überleg mal, wir sind alle mit uns selbst beschäftigt. Wir wollen an uns arbeiten, wir selbst sind unser größtes Projekt. Nicht nur, dass wir als normale Menschen kein Verlangen danach haben, wir haben auch keine Zeit dafür. Ich habe nämlich mit mir selbst zu tun. Welcher normale Mensch hat denn auch das Verlangen danach, irgendwelche Personen zu belästigen? Ich arbeite an mir und baue mir das Leben auf, welches ich mir für mich vorstelle. Dann kommt jemand aus seinem Loch gekrochen, um mir zu sagen, dass ich es nicht schaffen werde. Und du denkst, dass mich das interessiert? Tut es nicht. Wieso hat die Person Zeit dafür? Etwa, weil sie so glücklich ist und alles hat? Etwas aus Langeweile? Gelangweilt? Ja. Glücklich? Nie im Leben. Ich habe schon immer gesagt, dass diese Menschen zu viel Freizeit haben. Das passiert, wenn man keine Beschäftigung im Leben hat. Zu viel Zeit zum Nachdenken und zu viel Zeit, in der man sich mit dem Leben anderer Menschen beschäftigt. Das sind auch meistens Leute, die einfach keinen Sinn in ihrem Leben finden konnten und einfach so in der Welt rumtreiben.

Geborene Versager. Sie investieren ihre Zeit in Hass, während du deine Zeit in deine Zukunft und dich investierst. Also, wer steht höher? Für wen sieht es besser aus? Dich erwartet eine helle Zukunft, wenn du solche Leute nicht an dich ran lässt. Ich kenne genug Träumer, die durch genau solche Vorfälle aufgegeben haben. Die dem Druck nicht standhalten konnten. Die es einfach zu nah an sich ran gelassen haben. Und hey, in einigen Momenten war ich unter diesen Träumern. Es gab Zeiten, in denen ich dachte „Wieso tut man so etwas?". Mir gingen ständig diese Fragen durch den Kopf, ich hatte zugelassen, dass solche armseligen Menschen mich beschäftigen. Es war nicht, sodass es mich zerstört hat oder Ähnliches. Ich habe einfach nicht verstanden, wieso man so etwas tut. Wenn ich daran zurückdenke, möchte ich mich selbst schütteln. Jede Sekunde mit diesen Gedanken war eine pure Verschwendung. Doch das Erlebnis selbst war keine Verschwendung. Ich würde fast sagen, dass ich dankbar dafür bin. Doch, ich bin sogar sehr dankbar dafür. Diese Vorfälle sind der Grund, wieso ich heute eine solch starke Mentalität habe. Ohne sie wäre ich nicht hier, um dir die Tipps zu geben, die mein Leben verändert haben. Also kann man das eigentlich sogar so sehen: Diese Menschen dachten, dass ich durch ihre Nachrichten aufhören werde, doch nun bin ich hier und schreibe ein Buch, um anderen genau in derselben Situation zu helfen. Ich liebe diese Ironie. Das macht mich gerade so glücklich! Dieser Gedanke hat mich tatsächlich öfter zum Lächeln gebracht als diesen Menschen wahrscheinlich lieb ist. Ich denke, dass es bestimmt nicht das Endergebnis ist, dass sie für mich wollten. Eine andere Sache, die ich bemerkt, habe ist, dass ich auch näher zu Gott gekommen bin durch jene Vorfälle. Es hört sich komisch an, doch genauso ist es passiert. Ich finde es wirklich interessant, wie viel Positives man aus solchen Situationen herausholen kann. Und natürlich weiß ich auch, dass es nicht immer direkt so ist. Man benötigt etwas Zeit und Geduld, bis die Vorteile sichtbar werden. Doch sie sind da, vertrau mir. Zuerst muss man alles herunterschlucken und es eiskalt ignorieren, egal, wie schwer es einem fällt. Egal, wie sehr man darauf eingehen will, um seine Sicht der Dinge darzulegen. Ich bin hier, um dir zu sagen, dass sie sich nicht für deine Sicht interessieren. Deine Rechtfertigungen sind ihnen so unglaublich egal. Wenn sie sich in jeglicher Form dafür interessieren würden, dann täten sie nicht das, was sie eben tun. Nämlich dich persönlich anzugreifen. Jeder Mensch hat eine Geschichte zu erzählen. Sei einer der Menschen, der seine Geschichte und seine Wahrheit lebt, anstatt jemand zu sein, der versucht sich zu rechtfertigen. Du bist keinem eine Erklärung schuldig, außer dir selbst. In so einer Situation ist es oft schwer, rational zu denken und ruhig zu bleiben. Doch es ist wichtig, alles liegen und stehenzulassen, um mal durchzuatmen. Man atmet durch und lässt auf keinen Fall zu, dass man aus Emotionen heraus handelt. Denn wenn man sich in dieser Situation nicht kontrollieren kann, läuft alles schief. Du handelst mit dem Kopf, denn du bist kein schwacher Mensch. Nur schwache

Menschen lassen ihren Emotionen freien Lauf. Dein Kopf weiß, was am besten für dich ist. Gib dir selbst Zeit, das Geschehene zu verarbeiten. Dann machst du wie gewohnt weiter. Oder lässt du etwa zu, dass eine lächerliche kleine Nachricht den Rest deines Tages bestimmt? Ich glaube kaum. Ich glaube kaum, dass du so schwach bist, dass du einem Menschen deinen gesamten Tag schenkst. Ist dir deine Zeit etwa so wenig wert? Genauso gilt das für verbale Aussagen. Halte deine Gefühle versteckt, denn das tut ihnen mehr weh. Es verwirrt sie. Zeige jedem, dass sie keine Chance haben, dich verrückt zu machen. Sie können nicht das aus dir herausholen, was sie sich erhoffen. Du lässt nicht zu, dass sie sich von deiner Reaktion ernähren. Lass sie hungern. In Wahrheit ist es nämlich so, dass sie über sich selbst sprechen. Ob du es glaubst oder nicht, es ist tatsächlich so. Die Punkte, die sie meistens ansprechen und triggern, sind jene, mit denen sie selbst Tag täglich konfrontiert sind. Es sind ihre eigenen kleinen oder großen Unsicherheiten, mit denen sie nicht klarkommen. Sie projizieren alles auf dich und lassen es so aussehen, als würde es um dich gehen. Dabei ist es so, dass sie ein tiefgehendes Problem mit sich selbst haben. Eine solche Nachricht oder Aussage kann dir alles über die Person verraten, was du wissen musst. Es ist wie ein Spiegel. Du hältst den Spiegel hin und merkst, dass die Nachricht eigentlich an die Person selbst gerichtet ist. Behalte das immer im Kopf! Das ist eine essenzielle Sache. Zu wissen, dass es niemals persönlich gemeint sein kann, ist eine wahre Beruhigung. Denn wie kann etwas persönlich gemeint sein, wenn sich die andere Person versteckt? Wer ein Problem mit mir hat, soll sein Handy schnappen und mich anrufen. Und wer meine Nummer nicht hat, tja. Es erklärt sich eigentlich von selbst. Du verstehst? Nicht eine einzige ungefragte Meinung kann mein Leben verändern, und erst recht nicht die Meinung einer fremden Person. Das, was ich sage, betrifft natürlich dich genauso. Gib einer fremden Person niemals die Macht, etwas bei dir zu bestimmen. Ich meine, diese Macht sollte kein Mensch über dich haben, doch wir reden hier vorwiegend über fremde Menschen. Über Menschen, die keinen Platz in unserem Leben haben. Über Menschen, die eigentlich Niemands sind. Es ist definitiv Übung nötig, doch jeder kann sich diese Einstellung aneignen. Hierbei geht es nicht ums Versuchen, sondern ums machen. Sei stark und zeige niemals Schwäche, primär nicht gegenüber Menschen, die sich nichts mehr wünschen als das. Du kannst das. Wenn ich es geschafft habe, warum du nicht?

Phase 6

Erfinde dich selbst neu.

Heutzutage hört man oft Aussagen wie „Akzeptiere dich einfach." oder „Bleib wie du bist." Und grundsätzlich habe ich nichts dagegen, wenn du dir selbst gefällst. Ansonsten halte ich nicht wirklich viel davon. Wieso sollte jemand so bleiben, wie er ist, wenn er nicht die beste Version von sich selbst ist? Wieso sollte man sich selbst akzeptieren, wenn man sich als Mensch erweitern kann? Weder Akzeptanz noch solche beruhigenden Worte werden dich im Leben vorantreiben! Dir gefällt nicht die Person, die du bist? Dann sei jemand anderes. Ganz einfach. Sei jemand, der selbstbewusst ist. Sei jemand, der stark ist. Sei jemand, der erfolgreich ist. Vielleicht wird es Zeit, sich selbst neu zu erfinden. Viel zu oft wird die Macht der Veränderung und des Wünschens unterschätzt. Wieso ist das so? Du hast es in der Hand. Du kannst alles werden, was du dir vorstellst, es hängt alles von dir ab. Es geht nicht darum, Ausreden zu suchen, sondern damit anzufangen, sich neu aufzubauen. Die Person, die du sein willst und sein wirst, ist eine komplett andere als die, die du jetzt bist. „Aber was werden die Leute sagen?" Denkst du im Ernst, dass die Meinung anderer dein Leben verändern kann? Denkst du, dass ihre Meinung dich besser, reicher und schöner machen kann? Lass die Menschen urteilen, denn nur Kleingeister machen so was. Du bist viel größer als das alles. Du musst nur daran glauben, das ist alles. Die Macht liegt in den Händen der Person, die von sich selbst am stärksten überzeugt ist. Wer kann deinen Rücken mehr stärken als du selbst? Du musst dir selbst täglich sagen, dass es kein einziges Hindernis gibt, dass dich aufhalten könnte. Eine starke Person setzt sich keine Grenzen, wenn es um Erfolg geht. Und das Wort Erfolg kann man in vielerlei Hinsicht definieren. Manche wollen besser in der Schule werden, andere haben die Absicht, sich etwas Eigenes aufzubauen und viele wollen eine selbstbewusste Person sein. Erfolg kann jeder für sich selbst definieren. Durch Zweifel, Angst und wenig Glaube an sich selbst zieht man die Negativität und das Scheitern wie ein Magnet an. Das sind nicht die Dinge, die in deinem Kopf sein sollten. Deine Gedanken sollten sich nur um Sieg und Erfolg kreisen. Jeden Tag stehst du auf und sagst dir selbst folgende Sachen:

Ich bin eine starke Person.

Ich bin eine selbstbewusste Person.

Ich kann alles schaffen, dass ich wirklich will.

Ich bin die beste Version von mir selbst.

Ich bin eine erfolgreiche Person.

Ich bekomme alles, was ich verdiene.

Ich ziehe gute Dinge wie ein Magnet an.

Ich verdiene das Beste.

Ich werde alles haben, was ich mir wünsche.

Ich bin nicht wie die anderen, und das ist gut so.

Ich bin unbesiegbar.

Es hört sich zuerst komisch an, doch irgendwann wirst du es gar nicht anders kennen. Die Worte sind zuerst nur Worte, doch irgendwann sind sie deine Realität. Sprich deine Wünsche in die Welt laut aus, und schau, was du für eine Antwort bekommst. Weißt du eigentlich, was für einen Schaden man sich selbst antut, indem man sich selbst beleidigt und fertig macht? Unser Gehirn nimmt alles auf. Und wenn ich alles sage, dann meine ich das auch so. Alles wird gespeichert. Deine negativen Worte haben wirklich einen immensen Einfluss auf dein Leben, Körper und Geist. Jetzt mal eine Frage, und ich bin gespannt auf deine Antwort. Wenn du dich selbst nicht respektierst, wie sollen es dann andere machen? Bewegen sich schon die Zahnrädchen in deinem Kopf? Das will ich doch hoffen. Die Menschen nehmen meistens dein Verhalten dir gegenüber als Beispiel, wie sie mit dir umgehen sollen. Wir machen es alle so. So wie ich mich zeige, so weiß man ungefähr wie man mit mir umgehen sollte. Ich zeige, dass ich in meinem Leben an erster Stelle bin, dass ich mich liebe und dass ich von keinem abhängig bin. Das signalisiert anderen, dass man mit mir keine Spielchen treiben kann, und dass ich auch niemals bei solchen mitspielen würde. Denn meine Zeit ist mir viel zu viel wert. Nur Menschen, die mir den Respekt entgegenbringen, den ich verdiene, bekommen meine Aufmerksamkeit und Hingabe. Du musst dich und deine Aura so aufbauen, dass man versteht, dass es ein Privileg ist an deinem Leben teilnehmen zu dürfen. Jeder, der kein Teil davon sein möchte, dem steht es frei zu gehen. Und du verschwendest nicht deine Nerven an jemanden, der nicht in deinem Leben sein möchte. Wieso auch? Die Person, die du sein willst, macht so was einfach nicht. Verstehst du das Prinzip? Erfinde dich selbst neu. Neue Regeln und ein neues Leben. Doch dein Leben kann sich nicht ändern, wenn du es nicht wirklich willst. Deinen Geist kannst du leider nicht belügen. Nur diejenigen, die es wirklich wollen, bekommen auch alles im Leben. Das hängt alles von unserem mentalen Zustand ab. Wenn man in der Lage ist, diesen Code zu knacken, kann man so viel erreichen. Man muss einfach offen dafür sein! Ohne Angst und Zweifel! Kein Mensch auf der Welt wird zu dir kommen und dir das Leben geben, dass du dir erhofft hast. Du bist selbst für dich und ein Glück verantwortlich. Also nimm es in die Hand und fang an zu arbeiten. Lass die Menschen lachen, lass sie reden und lass sie zweifeln. Lass sie tuscheln und lästern. Was die Menschen über dich zu sagen haben, ist eigentlich nicht mal deine Sache. Es geht dich eigentlich nichts an, was die Menschen über dich denken. Denn das sind ihre Gedanken und ihre Vorstellung der Realität, von der sie eigentlich nicht wirklich viel wissen. Du lebst in deiner eigenen Realität, und nur du weißt, was wirklich Sache ist. Also braucht man sich deswegen absolut nicht zu stressen. Lass sie reden. Du schwingst keine großen Reden! Du lässt deine Taten und Erfolge für dich sprechen. Schwätzer reden viel, wenn der Tag lang wird, doch Macher handeln ohne ihr Mundwerk aufzureißen. Wenig reden und viel machen ist die Devise. Ein kleines Erfolgsrezept, könnte man sagen. Und sobald du auf dem Weg bist und sich alles so entwickelt, wie du es für dich vorgestellt hast, werden dieselben Menschen dich nach Tipps fragen. Vertrau mir einfach, ich habe das alles schon erlebt. Denkst du, dass nur über dich gelacht oder geredet wird? Jeder Mensch auf dieser Welt ist davon betroffen, egal ob schön oder hässlich. Egal, ob dick oder dünn. Egal, ob reich oder arm. Du kannst es nicht jedem recht machen, aber das sollte auch niemals dein Ziel sein. Das ist nicht deine Aufgabe. Um das zu verstehen und vor allem umzusetzen, benötigst du aber auch Zeit. Du kannst nichts im Leben anwenden, das du nicht verstehst. Oder? Also sei aufmerksam und sauge jede nützliche Information auf und halte sie fest. Jetzt habe ich Beispiele dafür gebracht, wie du mit dir selbst reden sollst, aber es ist auch wichtig, womit du dein Unterbewusstsein fütterst. Ziehst du dir Tag und Nacht Dramen beliebiger Art rein? Folgst du auf Social Media Leuten, die toxisch sind und ohne Unterbrechung am Beschweren sind? Siehst du dir sinnlose Shows an? Wie soll sich dein Unterbewusstsein denn klar werden, dass du eine starke und erfolgreiche Person bist? Die Medien, die wir täglich konsumieren, machen viel mehr mit uns, als wir glauben. Dieses Problem hatte ich genauso zeitweise. Ich habe Menschen verfolgt, die mich mit ihrer negativen Art so unglaublich genervt haben. Genauso hatte Menschen im Leben, die mich mit ihrer negativen Art genervt haben. Ich hatte wirklich Glück, dass ich ein Mensch bin, der sich nur schwer runterziehen lässt, ansonsten wüsste ich nicht, wo ich heute stehen würde. Doch ich weiß, dass nicht jeder so stark ist. Nicht jeder kann seine Energie und Einstellung so gut schützen. Deshalb ist es wichtig, früh zu erkennen, was einem guttut und was nicht. An einem Punkt dachte ich mir: „Wer zwingt mich eigentlich, diesen Menschen zu verfolgen?", oder „Wer zwingt mich eigentlich, mit diesem Menschen in Kontakt zu bleiben?" Und Boom. Direkt habe ich gehandelt und dafür gesorgt, dass mich diese Menschen nicht mehr beschäftigen. Aus den Augen, aus dem Sinn. Keiner hält uns an einer Stelle fest, wir sind nämlich keine Bäume. Wir können uns frei bewegen und dieses Recht sollten wir immer nutzen! Es gefällt dir etwas nicht? Dann beweg dich weiter. Halte Ausschau nach Menschen, die dich inspirieren. Versuch unter Menschen zu sein, die dir etwas Sinnvolles beibringen können. Menschen, die deiner Energie einfach guttun! Das führt eigentlich dahin zurück, dass man neben Menschen sein sollte, von denen man behaupten kann, dass sie die selbe Einstellung haben wie man selbst. Ebenfalls ist es wichtig, seine Zeit für sich zu nutzen. Vor allem sinnvoll zu nutzen. Gute Bücher, Videos zur Selbstentwicklung und kluge Unterhaltung. Ich weiß, dass man nicht ständig nur damit beschäftigt sein kann, aber überwiegend sollte dein Medien-Konsum so aussehen. Anders kommt man nicht voran und bleibt an einem Fleck stehen. Ich kann dir Ted Talks empfehlen, Bücher zur Selbstentwicklung und Videos von Menschen, die diese Botschaft vertreten. Die ihre Tricks und Tipps verraten und die von ihrem Weg berichten. Doch am Ende musst du selbst handeln. Jeder fängt irgendwo an. Heutzutage ist es sogar viel leichter, an diese Informationen zu kommen, die man benötigt. Und wenn du dir mal genauer Gedanken machst, hast du so viele Vorteile. Andere müssen aus einem komplett anderen Standpunkt anfangen. Doch du bist jemand, der zum Beispiel die Möglichkeit hatte, dieses Buch zu erwerben. Und du liest es wahrscheinlich aus dem Komfort eines sicheren Zuhauses. Verstehst du, worauf ich hinaus möchte? Seine Vorteile muss man stets anerkennen und dankbar für diese sein. Erkennen, dass jede Kleinigkeit dazu beiträgt, dass du im Leben weiter kommst. Du wirst es immer leichter haben als irgendwer anderes da draußen, also ergreife deine Möglichkeiten und Chancen. Nutze sie. Es geht nicht darum, auf den perfekten Moment zu warten, der wird nämlich nie kommen. Und wenn du auf diesen Moment warten willst, dann nur zu. Dann wirst du eben dein Leben lang warten. Du musst anfangen zu handeln anstatt zu warten. Du benötigst keine Zeichen, keine Motivation. Motivation ist nur flüchtig, eine Sache, die kommt und geht. Was wirklich zählt, ist dein inneres Feuer. Dein Wunsch nach mehr. Das sind die Dinge, die dich dorthin bringen, wohin du gehörst. Nichts ist zu groß für uns, wir sollten unsere Gedanken und Vorstellungen niemals eingrenzen. Das tun schon die anderen für uns. Wir dürfen uns auf keinen Fall anschließen. Schau in den Spiegel und sprich zu dir, bis du die Person siehst, die du sein willst. Und wenn man solche Sachen ausspricht, hat das nichts mit Lügen zu tun. Das sind Wünsche, die du in die Realität aussprichst. Lass dir niemals was anderes sagen. Selbst wenn du all das, was du willst, noch nicht bist, musst du trotzdem so tun, als wärst du es schon. In einem Moment tust du nur als ob, und im nächsten Moment bist du es schon. Du bist das, was du sein willst. Und keiner kann dir was anderes sagen. Woher sollen die Leute denn wissen, dass es nicht so ist? Müssen sie wissen, dass du nicht immer diese Einstellung hattest? Nein, müssen sie nicht. Menschen ändern sich, und du gehörst zu den Menschen dazu. Und du bist kein Mensch, der anderen eine Erklärung schuldig ist. Ab heute bist du es nicht mehr. Auf der nächsten Seite kannst du schon mal anfangen, dein zukünftiges Ich aufzubauen. Schreibe auf, welche Veränderungen du dir für dich wünschst und welche Ziele du erreichen willst.

Was du an deinem Charakter verbessern willst:

Ziele, die sich im innersten deines Herzens befinden:

Phase 7

Dankbarkeit und Vergleiche

Wir leben in einer Welt, die aus Vergleichen, Dramen und Frust besteht. Doch zu all dem gibt es noch eine andere Seite, eine Seite, für die ich mich täglich entscheide. Diese Seite besteht aus Dankbarkeit, Inspiration und Stärke. Einfach pure Dankbarkeit. Ich werde dir meine Sicht der Dinge kurz darlegen. Frustriert zu sein und Menschen dafür zu hassen, dass sie etwas haben, dass du nicht hast ist sehr leicht. Es ist leichter, weil da nichts außer Hass reinfließt. Natürlich ist es schwerer, das Gute sehen zu können und für die kleinen Dinge dankbar zu sein. Es ist schwerer, Dinge zu finden, für die man täglich dankbar sein könnte. Man muss sich eben entscheiden, wo man seine Energie hineinstecken möchte. Zu sitzen und Trübsal zu blasen, ist das leichteste der Welt. Aufzustehen und für sein Glück zu arbeiten, ist da natürlich etwas schwieriger. Die Leute werden ständig Ausreden suchen, um sich selbst zu beruhigen und sich selbst den Kopf streicheln. Es tut mir leid, doch bei mir wirst du das nicht finden. Doch eigentlich tut es mir gar nicht Leid. Bei mir gibt es den ultimativen reality-check. Nichts ist umsonst. Das Glück fällt keinem vom Himmel. Jeder Mensch in diesem Leben hat mit etwas zu kämpfen und nicht jeder hat alles. Etwas wird immer fehlen. Und das ist völlig normal! Es geht nicht darum, ein makelloses Leben zu erreichen. Es geht darum, alles, was auf einen zukommt, zu verarbeiten und weiterzumachen. Die Fähigkeit, schlechte Erlebnisse zu akzeptieren. Einfach allgemein alles so anzunehmen, wie es kommt. Das Gute wie das Schlechte. Diese Dinge gehören einfach zu uns, sie gehören zu unserem Leben. Wenn man gelernt hat, das zu akzeptieren, dann ist man auf einem guten Weg, das Leben zu verstehen. Ohne das schlechte würden wir nicht wissen wie wir das Gute genießen sollen. Wer das perfekte Leben jagt, wird sein Leben damit verschwenden etwas erreichen zu wollen, dass einfach nicht erreicht werden kann. Ganz simpel. Man hört ständig, dass Menschen frustriert sind, wenn sie andere sehen, die mehr haben als sie selbst. Sie vergleichen sich, werden traurig oder gar depressiv. Für mich persönlich ist das ein fremdes Gefühl, und dafür werde ich für immer dankbar sein. Man muss sich hinsetzen und sich fragen, warum das fremde Glück solche Gefühle bei einem hervorruft. Geh den Dingen auf den Grund. Versuch es zu verstehen und vor allem abzulegen. Starke Menschen haben nicht eine solche Denkweise. Und du willst ja Teil der Menschen sein, die nicht eine solch schwache Mentalität haben. Wie sieht es denn bei mir aus? Erfolgreiche Menschen sind für mich eine Inspiration, ihre Energie steckt mich an und motiviert mich härter zu arbeiten. Ich möchte schönes verfolgen, schönes sehen und schönes für mich haben. Wieso soll ich Menschen verfolgen, die nichts anderes tun, außer sich zu beschweren? Was könnte ich potenziell davon haben? Davon bekomme ich höchstens Kopfschmerzen und deshalb meide ich es auch solche Personen zu verfolgen. Das heißt nicht, dass ich das echte Leben meide. Negative Gefühle gehören zum Leben, das sollte man nicht falsch verstehen. Es geht nämlich nicht darum, seine Gefühle zu unterdrücken. Ich spreche von etwas vollkommen anderem. Ich spreche davon, dass die Menschen, die mehr haben, nichts für deine Traurigkeit und Negativität können. Sie sind nicht dafür verantwortlich. Es hat dir nämlich keiner etwas weggenommen. Wenn du vom Glück anderer Menschen getriggert bist, dann ist das dein eigenes Problem. Und wenn du nichts dagegen tust, dann wirst du dein Leben eben damit verbringen, diejenigen zu hassen, die mehr besitzen als du. Was können sie dafür, dass du traurig bist? Wir sollten niemals anderen die Schuld für unseren Zustand geben. Ich würde sogar so weit gehen und sagen, dass, selbst wenn du ungerecht behandelt worden bist, immer noch entscheiden kannst, wie du dich damit fühlst und wie du weiter machst. Du kannst dich entscheiden, wie du damit umgehst und wie es sich auf dein Leben auswirkt. Du bist selbst dafür verantwortlich. Denn: Du hast keinen Einfluss auf die Handlungen anderer, aber du hast Einfluss auf deine eigene Reaktion. Das heißt nicht, dass man andere Menschen ungerecht behandeln soll und dass sie selbst Schuld sind, wenn sie sich schlecht fühlen. Nein, damit meine ich nur, dass man selbst entscheiden kann, wie man damit umgeht. Ob man am Boden zerstört ist und dort bleibt, oder ob man aufsteht und daraus lernt diese Person nicht mehr an sich heranzulassen. Ich habe nach vielen schmerzhaften Jahren gelernt, was besser für mich ist. Die Dinge einfach nicht zu nah an mich heranzulassen. Die Dinge einfach nicht persönlich zu nehmen. Und natürlich hat niemals ein Mensch behauptet, dass es leicht wäre und dass es immer perfekt funktioniert. Das heißt trotzdem nicht, dass es nicht funktioniert. Das gehört einfach zur Selbstentwicklung dazu. Ich habe einfach für mich verstanden, dass es sich nichts bringt, die Dinge persönlich zu nehmen. Und nun zurück zu den Menschen, die sich konstant beschweren und jeden um sich herum in ihrer grauen Blase gefangen halten und runterziehen. Sie inspirieren mich zu nichts, das, was sie zu sagen haben, ruft absolut keine Gefühle in mir hervor. Außer das Gefühl sie meiden zu wollen. Um jeden Preis. Diese Menschen will und werde ich immer meiden. Ich habe solche Menschen jahrelang ausgehalten und mein Bestes getan, um sie aufzubauen. Ich habe meine Energie anzapfen lassen. Doch wofür das alles? Lasst euch eines gesagt sein: Es ist nicht so einfach, einen Menschen auf seine Ebene der Positivität hochzuziehen, doch es ist sehr leicht, einen Menschen in seine Negativität runter zu ziehen. Zurück zum Punkt. Ich benötige Vorbilder, die mich antreiben, besser zu sein. Für mich gibt es keinen Konkurrenz-Kampf gegen andere, der einzige Kampf, den ich führe, ist der Kampf gegen mich selbst. Und es ist mein Kampf des Lebens. Ich bin mein einziger Konkurrent, denn ich möchte besser sein als gestern. Nicht besser als eine Person da draußen. Anders sehe ich keinen Sinn in der Konkurrenz. Doch das alles bringt sich nichts, wenn ich keine Inspiration habe, die mich antreibt, besser zu sein. Das heißt nicht, dass ich nicht dankbar sein kann, mit dem, was ich habe. Ganz im Gegenteil. Sei dankbar mit dem, was du hast, während du für mehr arbeitest. Ich kann es nicht oft genug sagen. Ich glaube, es ist eine gute Idee, wenn wir von null beginnen. Sprichst du deine Dankbarkeit täglich aus? Hast du überhaupt Gedanken zur Dankbarkeit? Es fängt nämlich alles dort an. Wer für die kleinen Dinge nicht dankbar sein kann, der wird die großen Dinge genauso wenig wertschätzen können. Es hört sich banal an, aber jemand, der sich als Pechvogel sieht, sitzt gerade wahrscheinlich in seinem kuschligen Bett, hat im Idealfall seine Eltern im Nebenzimmer und ein Dach über dem Kopf. Jetzt kann es sein, dass du dir denkst, dass es ja selbstverständlich sei. Doch ein anderer hält vielleicht das Buch in der Hand und hat nur ein Elternteil und wünscht sich dein Leben, während du für deines undankbar bist. Ich finde den Vergleich toll, weil die Dinge, an die man schon gewöhnt ist, anscheinend nicht mal erwähnenswert sind, wenn es um Dankbarkeit geht. Selten kommt es einem Menschen in den Kopf, dankbar für die alltäglichen Dinge zu sein. Ich habe eine Frage an dich. Wenn du morgen nur noch die Dinge hättest, für die du heute dankbar warst, was hättest du dann noch in deinem Leben? Dein Zuhause, wovon ein anderer Mensch irgendwo auf der Welt träumt. Das Essen auf deinem Teller, für das ein anderer eine Woche lang arbeiten muss. Deine Eltern, für die eine andere Person alles tun würde, um ihre eigenen nur noch einmal sehen zu dürfen. Du siehst ja, worauf das alles hinausläuft. Das sind alles natürlich harte Vergleiche, aber nur so kann man zum Nachdenken angeregt werden. Manchmal benötigt man harte Worte und harte Denkanstöße. Es geht nicht, dass man immerzu ein weiches Streicheln auf seinen Kopf bekommt. Beruhigende Wort wie „Es ist erlaubt, sich schlecht zu fühlen" oder „Bleib wie du bist". Wohin soll denn das Ganze führen? Dadurch wirst du nur ermutigt, dort zu bleiben, wo du bist. Selbstmitleid ist etwas, woraus man ausbrechen muss, so schnell es geht. Ich weiß, wie schwer es ist. Es ist leichter, sich selbst zu bemitleiden und in seiner kleinen Blase des Unglücks zu bleiben. Es ist etwas, das du kennst, es ist etwas Altes und etwas, dass dir einen gewissen Komfort gibt. Wenn ich dir sage, dass ich weiß, wie schwer es ist da auszubrechen, dann meine ich das auch so. Es ist schwer etwas Neues zu machen, etwas zu tun, dass einem zuerst nicht angenehm ist. Die Sache zu machen, die hart ist. Sich für das schwierige entscheiden, und endlich aufzustehen. Ja, auch Aufstehen kann schwer sein. Der erste Schritt kann schwer sein. Doch sieh dir den Zustand an, in dem du dich gerade befindest. Ist es eigentlich nicht viel schwerer, den Rest seines Lebens unter dieser grauen Wolke zu verbringen? Das Richtige zu tun ist immer schwer, doch das Ergebnis davon ist, das schönste, was es gibt. Allein der Weg dahin ist etwas, das man genießen kann. Sich vorzustellen, wie man sein und wie man leben könnte, nur um es am Ende zu erreichen und zu sagen „Ich habe es geschafft." Ist das nicht etwas, das du dir erlauben willst? Ist das nicht etwas, das du auch mal erleben willst? Findest du nicht, dass du das verdient hast? Ich denke, du hast mehr als das verdient. Nur ist das nicht etwas, dass ich oder ein anderer dir geben kann, ich kann dir höchstens die Anleitung dafür überreichen. Alles andere liegt bei dir. Wie sehr willst du das, was du willst? Diese Frage wird das Meiste für dich entscheiden. Ich weiß, was ich will, und ich weiß, dass keiner mir das nehmen kann, was für mich bestimmt ist. Ich muss mich nur darauf hinbewegen und es mir nehmen. Und genau das mache ich auch Tag für Tag. Hol dir das, was dir zusteht und warte nicht länger auf bessere Tage. Die besseren Tage warten darauf, von dir gelebt zu werden. Also worauf wartest du denn eigentlich?

Schreibe hier auf, wofür du alles dankbar im Leben bist:

Phase 8

Du bist komisch, na und?

Mein ganzes Leben lang habe ich einen bestimmten Satz zu hören bekommen. „Du bist so komisch." Meistens wusste ich nicht, wie ich das einordnen soll. Viele meinten es gut und fügten so was wie „du bist eben anders" hinzu. Und manch andere meinten es höchstwahrscheinlich negativ. Quasi als Beleidigung. Ich wusste schon immer, dass ich etwas anders bin, das war nie ein Geheimnis für mich. Das Ding war einfach nur, dass es mir völlig egal war, was die anderen dazu zu sagen hatten. Sicher habe ich komische Phasen durchgemacht, wie jeder andere Mensch auch, aber ich kann von mir behaupten, dass ich mich immer gemocht habe. Trotz solcher Aussagen. Ich weiß zwar nicht, woher dieses starke Selbstbewusstsein kam, aber solche Aussagen haben mich nicht beeinflussen können. Man würde denken, dass es mich dazu treiben würde, so zu sein, wie man mich eben gerne hätte. Ich hatte immer meinen Spaß im Leben und das, ohne auf die Meinung der anderen achten zu müssen. Ich wünschte, ich könnte dir einen bestimmten Trick verraten, wie ich es geschafft habe mich nie anzupassen und so zu bleiben, wie ich eben bin, aber dazu kann ich nicht viel sagen. Ich kann nur dazu sagen, dass es sich für mich immer ausbezahlt hat. Ich bin immer hervorgestochen, weil ich ständig mit etwas Neuem angetanzt bin. Ständig habe ich rumexperimentiert und neue Sachen ausprobiert. Doch ich bin mir aber gleichzeitig treu geblieben. Ich habe meiner Kreativität immer freien Lauf gelassen, und ständig neue Hobbys für mich entdeckt. Verschiedene Phasen, verschiedene Styles und verschiedene Erlebnisse. Ich bin so froh, dass ich mich bei solchen Kleinigkeiten ausleben durfte und dies auch getan hab', sonst wäre ich heute wahrscheinlich so verkrampft und steif wie die Leute, die mich kritisieren, aber sich selbst nichts trauen. Nun gut, das Ganze geht ja auf etwas Bestimmtes hinaus. Ich bin hier, um dir zu sagen, dass du nicht wie die anderen sein musst. Du bist du und du bist perfekt, wie du bist, auch wenn du etwas anders als die anderen bist. Lass diese Besonderheiten niemals von irgendwem schlechtreden nur, weil derjenige langweilig ist und nichts Besseres zu tun hat. Die Leute reden viel, wenn der Tag lang wird. Und diejenigen, die am meisten zu sagen haben, haben den größten Dreck am Stecken. Verbiege dich niemals, um irgendwo reinzupassen! Deine Puzzle-Teile warten da draußen irgendwo auf dich. Und am Anfang habe ich meine Erfahrung mit dem „anders" sein etwas zu dunkel dargestellt, denn die meiste Zeit meines Lebens wurde ich dafür geliebt. Vor allem für meine Art, die eben etwas abweicht. Wobei ich sagen muss, dass ich nicht mal weiß, wer das bestimmt. Seit wann gibt es Richtlinien jeglicher Art, wie ein Mensch sein muss? Lieber bin ich anders, als jemand, der ständig nur andere kritisiert. Jedenfalls kannst du im Leben viel mehr erreichen, wenn du dich so liebst, wie du bist. Solange du mit dir selbst zufrieden bist, dann passt es doch? Hier geht es nicht darum, ob du die beste Version deiner selbst bist oder nicht. Es geht um deine Macken, Kanten und Ecken. Mittlerweile gibt es so wenig von authentischen Menschen. Ständig versucht man sich zu verstellen, um mehr oder weniger akzeptiert zu werden. Aber wieso willst du bei Menschen sein, die dich nicht so nehmen, wie du bist? Das hast du wirklich nicht nötig. Und wenn ich vom „anders" sein spreche, dann meine ich witzige Eigenschaften, die vielleicht nicht jeder versteht. Ein Mensch, der andere schlecht behandelt und verletzt, soll natürlich nicht so bleiben, wie er ist. Das war nicht damit gemeint. Ständig treffen wir neue Menschen, und ich finde, das Schöne an ihnen ist, dass jeder einzigartig ist. Das ist etwas, dass mich schon immer fasziniert hat. Lassen wir doch die Menschen komische Interessen, ein lautes Lachen und einen interessanten Stil haben. Wo tut es den anderen weh, wenn Menschen ihr Leben so ausleben, wie sie es möchten? Zeig der Welt dein wahres Lächeln, und sie wird in jedem Fall zurücklächeln. Ich möchte einfach, dass jeder weiß, wie besonders und wertvoll er ist. Die besonderen Eigenschaften machen dich zu einer einzigartigen Person. Vielleicht bist du ein wenig eingeschüchtert und hast, Angst verurteilt zu werden. Aber soll ich dir mal etwas Trauriges verraten? Über jeden Menschen wird geurteilt, egal, wie er sich verhält. Man kann es nicht jedem recht machen! Es ist essenziell, dass du das verstehst. Das heißt, dass es egal ist, wie viel Mühe du dir gibst, jemand wird trotzdem kommen und über dich urteilen. So funktioniert das leider heutzutage. Aber worauf läuft das hinaus? Du musst gar nichts an dir ändern, wenn du das nicht willst. Es geht nur um deine Wünsche. Hierbei geht es nicht um deine Ziele oder Persönlichkeitsentwicklung. Es geht lediglich um deine einzigartige Art. Fremde Menschen anlächeln, ihnen Komplimente machen, draußen laut lachen und das Outfit anziehen, in dem man sich wohlfühlt. Das ist es doch, worum es hier wirklich geht. Dann gibt es noch Menschen, die Angst davor haben, verurteilt zu werden, wenn sie ihren Träumen nachgehen. Sie haben Angst davor, ihr wahres Talent auszuleben. Angst davor, etwas Neues zu wagen! Und wieso? Nur wegen einer bestimmten irrelevanten Meinung? Zu mir haben Menschen gesagt, dass ich es zu nichts bringen werde und dass ich das, was ich mache, lieber sein lassen soll. Ich solle mich lieber nicht blamieren, haben sie gesagt. Ich bin wirklich froh, dass mir keine einzige von diesen Meinungen wichtig war. Das einzige, was diese Leute damit erreicht haben, ist, dass sie mir mehr Antrieb geschenkt haben. Solche dummen Aussagen werden mich immer antreiben, ich kann mir nicht einmal mehr vorstellen, dass mich so was traurig machen könnte. Gestern hieß es, ich werde es zu nichts bringen, und heute schreibe ich ein eigenes Buch. Denkst du, dass das alles leicht ist? Natürlich ist es nicht leicht, aber man liebt seine Sache trotzdem. Weil es eine eigene Sache ist. Eine Sache, die nur mir gehört und die mir kein Mensch wegnehmen kann. Und wieso erreiche ich wohl alles, was ich mir vornehme? Weil ich keine Angst davor habe zu versagen. Zu versagen ist nicht schlimm. Schlimmer ist es ein Angsthase zu sein und seine Träume aufgrund von anderen sausen zu lassen. Die Meinungen anderer werden dir am Ende des Tages auch nicht den Bauch vollschlagen, das kann ich dir sagen. Während diese Leute ihr bequemes Leben leben, solltest du deine Träume verfolgen. Lass die Leute reden und mach dein eigenes Ding. Das ist deine Welt und du machst die Regeln! Ich habe keine Angst davor zu versagen, das gehört zum Leben dazu. Zu versagen, ist wirklich keine Schande. Während andere sich hinter ihren eigenen Grenzen verstecken, bist du da draußen und machst Erfahrungen und wirst reich durch diese! Manchmal befindet man sich auf einem Weg und man ist völlig davon überzeugt, dass es genau das richtige ist. Doch morgen wacht man auf, und geht plötzlich in eine komplett andere Richtung. Dann probierst du dich eben aus, was ist so schlimm daran? Die Erfahrungen werden von Menschen gemacht, die sich in die Welt hinaus trauen, und nicht von denen, die sich Zuhause verstecken. Egal, wo du ankommst, sei einfach authentisch. Die Menschen spüren und lieben das. Das war schon immer so. Du wirst eines Tages deinen Platz in der Welt finden, das verspreche ich dir. Irgendwo kommen wir immer an, und ich sage dir das als jemand, der an so vielen verschiedenen Haltestellen in seinem Leben war. Irgendwann, ja irgendwann kam auch ich dort an, wo ich hingehöre. Ich dachte, das sei unmöglich, doch nun bin hier und sage dir genau dasselbe. Deine einzigartige Art wird dich dorthin bringen, wohin du gehörst. Hab auch keine Angst davor, etwas Eigenes zu schaffen. Große Entscheidungen machen einem immer Angst, das ist ganz normal. Doch mit großen Entscheidungen können auch große Erfolge kommen. Die Menschen, die kreativ oder ein wenig eigen sind, haben es oft schwer etwas für sich zu finden. Weil sie anders denken als andere. Sie sehen alles viel größer und ihr Kopf sprießt nur so von Ideen. Deshalb ist es wichtig, sich mal hinzusetzen und sich zu überlegen, was wirklich wert ist getan zu werden und was nicht. Mir wurde beigebracht bei der Frage, was ich mal werden will, nicht an das zu denken, was ich werden will, falls mir das zu schwerfällt. Mir wurde gesagt, zuerst alles zu nennen, was ich eher nicht will. So kommt man nämlich schneller an eine Antwort, bevor man ewig da sitzt und sich nicht mal für eine Sache entscheiden kann. Diesen Trick fand ich super und ich hoffe, dass er dir auch einen Nutzen bringt. Zum Schluss des Kapitels solltest du aufschreiben, was du alles besonders an dir selbst findest. Es wichtig an diese Dinge zu denken, diese auszusprechen oder nieder zuschrieben. Vergiss niemals dass du etwas Besonderes bist.

Notiere hier Dinge, die du besonders an dir findest:

Phase 9

Erreichbarkeit

Bist du jemand, der immer erreichbar ist? Jemand, der immer da ist und sofort zur Stelle ist, wenn man ihn ruft? Egal, wann und egal, worum es geht? Erreichbarkeit ist eine schöne Sache. Ich finde aber Erreichbarkeit ist eine noch viel schönere Sache, wenn es nicht nur einseitig ist. Wieder eine Sache, die ich auf dem harten Weg lernen musste. Mein ganzes Leben war es so, dass ich für jeden erreichbar war. Auf mich war wirklich Verlass. Das war auch eine Sache, die die Menschen an mir schon immer geschätzt haben. Natürlich nicht alle, denn es gab ja einige, die es schon als selbstverständlich ansahen. Es wäre ja alles nicht allzu schlimm gewesen, wenn ich nicht nach Jahren meiner aktiven Erreichbarkeit bemerkt hätte, dass der Rest der Menschen für mich gar nicht erreichbar ist. Die Verbindung war wohl nicht ganz so stark, wie ich dachte. Ich habe gesehen, wie Menschen Prioritäten setzten, wenn es darum ging, für wenn sie erreichbar sind und für wen nicht. Ich dachte ja jahrelang, dass alle anderen genauso wie ich alles liegen und stehen lassen, um für andere da zu sein. Egal, worum es geht. Ich dachte einfach, dass es normal sei. Bei einigen Menschen die früher ein Teil meines Lebens waren, war dieses Verständnis ganz komisch aufgebaut. Ich war jemand, der selten bis nie um Hilfe gebeten hat, und selbst wenn ich das tat, schien keiner für mich alles liegen und stehen lassen zu wollen. Die Menschen setzten einfach ihre Prioritäten. Ich kann gerade nicht. Ich treffe mich heute mit jemand anderem. Ich habe keine Zeit. Heute weiß ich auch, was „Zeit haben“ bedeutet. Jeder Mensch hat Zeit, nur liegt es bei ihm wie und für wen er die Zeit aufteilt und nutzt. Damals war es schwer für mich, ich empfand es als ungerecht. Heute weiß ich es besser. Denn heute bin ich nicht für jeden erreichbar. Meine Erreichbarkeit ist ein Privileg, das man sich verdienen muss. Meine Zeit ist etwas Wertvolles und diese kriegt auch nicht jeder geschenkt. Erst wenn man aufhört sich für andere vor den laufenden Zug stürzen zu wollen, versteht man, wie es wirklich läuft. Klar gibt es Menschen in meinem Leben, für die ich alles tu und auch alles tun werde! Der Unterschied heute ist einfach nur, dass es Menschen sind, die für mich genau dasselbe machen würden. Ich werde nicht behaupten, dass es viele sind, aber ich bin sehr zufrieden mit dem, was ich habe. Und vor allem bin ich dankbar. Denn ich bevorzuge die wenigen Menschen in meinem Leben, die mich respektieren. Du musst endlich verstehen, wie wertvoll deine Zeit ist. Du kannst sie nicht jedem herschenken. Deine Erreichbarkeit muss reduziert werden. Ich habe schon oft gesagt, zu viel von etwas kann selten gut sein. Selbst die besten Dinge sind mit Vorsicht zu genießen. Alles fängt dort an, wie wichtig du dir selbst bist. Ganz ehrlich jetzt, wie wichtig bist du dir selbst? Bist du der wichtigste Mensch in deinem Leben? Wenn nicht, dann musst du das zügig ändern. Und das hat rein gar nichts mit Egoismus zutun. Die einzigen Menschen, die so etwas behaupten, sind Menschen, die nicht mehr ihren Nutzen aus dir ziehen können, sobald du diese Grenze ziehst und ihnen zeigst, dass du dir selbst wichtiger bist. Wieso sollte es mich stören, wenn ein Mensch sich selbst als wichtig sieht? Es kann und darf mich nicht stören. Denn ich stehe in meinem Leben genauso auf Platz eins. Das klingt etwas hart, aber ich werde natürlich tiefer darauf eingehen. Wenn ich sage, dass ich auf Platz eins stehe, dann ist das nicht so dramatisch gemeint, wie man denken könnte. In meinem Leben sind einige wenige Menschen, die ich so hoch einschätze, so einen hohen Platz gibt es nicht einmal. Das ändert trotzdem nichts daran, dass ich mich als wichtig sehe. Es geht darum, dass es mein Leben ist. Das ist mein Leben und ich muss in meinem Leben vorankommen. Wer wird kommen und für mich den Platz übernehmen und mit meinen Problemen fertig werden, mir meine Träume erfüllen und den Weg für mich gehen? Absolut keiner. Kein Mensch wird das machen. Es geht einfach nur darum, dass du zeigst, wie wertvoll du dich selbst findest. Du schätzt dich selbst, du respektierst dich selbst und du liebst dich selbst. Das sind Sachen, die für einige schwierig auszusprechen sind. Es sind Sachen, die einigen primär schwerfallen, ernst zu meinen. In meinem Fall ist es vollkommen ernst gemeint. Wieso denn auch nicht? Ich bringe mich durchs Leben. Ich löse Probleme. Ich überstehe Hindernisse. Ich kämpfe mit Schicksalsschlägen. Ich zaubere anderen ein Lächeln ins Gesicht. Das sind alles Dinge, ich mache, und die du genauso machst. Wieso solltest du es dann nicht genauso ernst meinen? Du solltest dich mal wirklich hinsetzen und mal darüber nachdenken, was du alles schon im Leben überstanden hast. Wie weit du gekommen bist. Sachen, die vielleicht einige wussten, und andere Sachen, mit denen du still und heimlich gekämpft hast. Ich weiß genau, wie es für dich ist. Ich weiß genau, wie es für dich war, auch wenn ich dich nicht kenne und auch wenn ich nicht dabei war. Denkst du, ich habe keine stillen Kämpfe hinter mir? Die muss jeder von uns früher oder später führen. Und trotzdem sind wir hier. Und das zeigt nur, wie stark wir sind. Jedenfalls führt das alles dazu, dass dir keiner wichtiger sein kann als du selbst. Deine Zeit ist wertvoll und muss auch dementsprechend genutzt werden. Du bist nicht für jeden und auch nicht immer erreichbar. Wie auch? Du hast dein eigenes Leben und deine eigenen Dinge, die zu erledigen sind. Du verschiebst deine Pläne nicht. Du vertagst nichts. Du machst dein Ding. Du schaust auf dich selbst. Denn so wie du auf dich selbst schaust, das wird keiner da draußen tun. Du musst das endlich verstehen und in deinen Kopf bekommen! Ich kann es nicht fassen, dass ich eine Zeit im Leben hatte, in der ich für andere alles stehen und liegen lassen konnte, egal um wen es ging. Wo ich meistens im Endeffekt nichts als Undankbarkeit erfahren habe. Damals tat es weh, wenn ich daran zurückgedacht habe, doch ich bin froh, dass es hinter mir liegt und dass ich offen damit umgehen kann.

Verheilte Wunden, die nicht mehr aufgerissen werden können, sind schön zu betrachten. Ich habe einfach gelernt, dass man nicht auf alles eine Antwort bekommen kann. Das Einzige, das passieren kann ist, dass man sich selbst auf der Suche nach diesen Antworten verliert. Deshalb ist es besser, es loszulassen. Versuch nicht die Menschen und ihre Absichten zu verstehen, du bist nicht so gebaut, wie sie und deshalb wirst du auch ihre falschen Handlungen und verdrehten Intentionen nicht immer nachvollziehen können. Nun, was habe ich denn draus gelernt? Dass im Endeffekt keiner kommen wird, um mir die Hand zu schütteln, weil ich meine eigenen Träume und Ziele beiseite geschoben habe. Keiner wird sich dafür bedanken, dass ich meine Zeit ohne nachzudenken hergegeben habe. Weil es auch nie passiert ist. Der einzige Mensch, über den ich das wirklich sagen könnte, wäre meine Mutter. Doch ich finde jemand wie eine Mutter hat bei diesem Thema nichts zu suchen. Also rein aus meiner persönlichen Sicht. Denn meine Mutter ist ein Mensch, der für mich alles getan hat, das möglich und unmöglich ist. Ich stehe in ihrer Schuld und das für mein ganzes Leben, selbst wenn sie das niemals so sehen würde. Und das sieht wiederum bei jedem anders aus. Denn für diese Frau lasse ich die ganze Welt stehen. Ohne sie wäre ich gar nicht in der Lage zu träumen. Denn ohne sie gäbe es kein mich. Nun zurück zu dir und deiner Erreichbarkeit. Du gehst ganz bedacht vor. Schau dir an, wie die Menschen in deinem Umfeld, das machen. Teile dir deine Zeit für alles ein. Manches benötigt mehr Zeit und manches eher weniger. Du fängst an, Prioritäten zu setzen. Und du setzt auch automatisch Grenzen und zeigst den Menschen, dass du deine Zeit nicht einfach so aus dem Fenster schmeißt. Dabei muss ich auch an Menschen denken, die ständig zu spät kommen und auch immer wieder in letzter Sekunde absagen. Die Menschen können sagen, was sie wollen, doch für mich sind ständige Verspätungen sehr respektlos. Nichts beweist mir mehr, dass ein Mensch weder mich noch meine Zeit respektiert. Ich rede nicht von echten Notfällen oder dass man 1–2 Mal zu spät kommt. Ich rede davon, dass man ständig zu spät kommt. Das Beste ist es, wenn man es noch zusätzlich als lustig darstellen will und immer eine Ausrede parat hat. Ich würde niemals wollen, dass ein Mensch auf mich wartet, egal um was es geht. Es ist mir einfach wichtig. So spreche ich nämlich meinen Respekt aus, und wenn ich die Person respektiere, dann werde ich mir auch Mühe geben nicht zu spät zu kommen und die Person auch nicht warten zu lassen. Es kommt selten vor, also wirklich selten, aber auch ich komme mal zu spät. Doch dann muss es wirklich einen triftigen Grund geben, und selbst dann fühle ich mich sehr unwohl dabei. Absolut nichts ist daran lustig, wenn ein Mensch deine Zeit nicht respektiert. Dieselben Menschen würden sich nicht im Traum trauen, zu spät zu ihrer Arbeit zu kommen. Wieso ist das so? Weil die Menschen eben Prioritäten setzen. Wenn du Angst davor hast, dass eine wichtige Person auf dich warten und sauer werden könnte, dann wirst du dich dafür anstrengen, damit es nicht dazu kommt. Ganz simpel. Das sind einfach verschiedene Faktoren, die ich als wichtig empfinde. Und ich denke, dass du genauso wenig auf andere warten möchtest. Dann mach es ihnen auch klar, dass du beim zweiten Mal nicht warten wirst. Ganz direkt. Jemand, der dich als wichtig ansieht, wird es nicht wieder dazu kommen lassen. Ich lasse mir von einer Person, die mir wichtig ist, nichts zweimal sagen. Sieh dir genau, wo du bei den Menschen stehst, und sei nicht immer die Person, die immer auf andere warten muss. Das kann sehr viel über jemanden sagen. Denn ich war mal in derselben Situation. Wenn ich zurückdenke, dann könnte ich sicher sauer werden und böse auf mich selbst sein, dass ich einmal so war. Doch das ergibt keinen Sinn und das bringt auch nichts Positives in mein Leben. Stattdessen muss man nach vorn blicken, wo eine helle Zukunft auf einen wartet. Immer nach vorn schauen und an sich arbeiten. Aus seinen Fehlern lernen und sie nicht wiederholen. Ich hoffe, du machst dir wirklich Gedanken, was Erreichbarkeit bedeutet. Dass du nicht für jeden Menschen erreichbar sein kannst, selbst wenn du es gerne wollen würdest. Und ich sage direkt dazu, dass es nicht leicht sein wird. Nicht jeder wird es verstehen. Manche werden davon überrascht sein. Manche wiederum genervt. Doch das zeigt dir nur, wer weiterhin in deinem Leben bleiben will. Jemand, dem deine persönlichen Grenzen nicht gefallen, der war auch nie dein Freund. Diese Art von Menschen sehen uns nur als Mittel zum Zweck, und wenn sie ihren Nutzen nicht mehr aus uns ziehen können, dann sind wir nichts mehr wert. Ignoriere niemals ein schlechtes Bauchgefühl, schaue nicht weg, wenn dir jemand seine wahren Absichten zeigt. Es ist leichter gesagt als getan, doch ich will nur, dass du das Beste aus deinem Leben machst. Und unser Leben kann nur so gut sein, wie die Menschen darin. Anders geht es nicht. Wir sind nicht dazu gemacht, unser Leben in Einsamkeit zu verbringen. Das Leben kann schön sein, und mit guten Menschen darin kann es nur schöner werden. Also entscheide dich für die Guten und lass die Schlechten hinter dir. Vergiss niemals, dass, was auf dich zukommt, ist schöner als das, was war. Entscheide dich für dich. Das ist etwas, das du nie bereuen wirst. Es ist zumindest etwas, dass ich noch nie bereuen musste.

Phase 10

Tu was Gutes für dich.

Ich habe schon immer gerne Sachen für mich selbst gemacht. Kleine Gefallen, kleine Geschenke und kleine Gesten. Eigentlich machen wir Menschen ja richtig viel für uns selbst. Wir kochen für uns selbst, na ja hoffentlich die meisten von uns. Wir geben unserem Körper Wasser, damit er nicht austrocknet. Vielleicht schmierst du ja kleine süße Cremes auf dein Gesicht, damit es schimmert und strahlt. Ich denke, du verstehst, worauf ich hinaus will. Ich habe für mich gelernt, mich selbst von ganzem Herzen zu schätzen und hinter allem, was ich für mich mache, eine große Bedeutung zu stecken. Also die Dinge, die eigentlich selbstverständlich sind, versuche ich einfach immer als groß und wichtig darzustellen. Oft kaufen wir schöne Kleidung, damit wir sie draußen anziehen, wo uns auch jeder sehen kann. Was ja nicht schlimm ist, aber was ist denn mit dir selbst? Ich für meinen Teil habe gelernt wie wichtig es ist so was auch einfach nur für sich selbst zu machen. Nicht für die Leute da draußen, nicht für den Ehemann und einfach generell für keinen außer für sich selbst. Ich weiß nicht, wie das bei dir ist, aber ich bin insbesondere ein Mensch, der sich für andere Mühe gibt. Wenn ich gebeten werde etwas zu tun, dann versuche ich es best möglichst auszuführen. So als würde ich es für mich selbst machen. Denn die Dinge, die mich betreffen, versuche ich auch perfekt auszuführen. Ich habe kein Problem mir für die anderen Mühe zu geben, denn für mich selbst tu' ich das genauso. Aber das ist nicht bei jedem so. Manche geben sich ständig Mühe für andere, aber vergessen oft sich selbst auf dem Weg. Und manche vergessen sich selbst komplett. Das darf auf keinen Fall sein. Deshalb sage ich, gib immer 100 %, aber vor allem auch für dich selbst. Denn keiner ist so wichtig wie du selbst. Jedenfalls betrachte ich den ganzen Tag über die Dinge, die ich für mich mache, als etwas ganz Besonderes. Ich gebe mir bei allem Mühe und sorge dafür, dass alles schön und angenehm für mich ist. Selbst wenn es nur ein kleiner Kaffee ist, so gebe ich mir Mühe, damit er warm, schön und lecker ist. Ich stecke selbst da eine gewisse Bedeutung rein. Ich schaffe mir einfach eine schöne Atmosphäre. Die Menschen haben aufgehört ihr Leben zu romantisieren und betrachten alles als Last, als Erledigungen und als etwas, das schnell hinter sich gebracht werden soll. Ich kenne das natürlich auch von mir, ich habe auch nicht immer gute Energie in die alltäglichen Dinge gesteckt. Doch dann habe ich gesehen, wie anders es tatsächlich sein kann. Viel wärmer und angenehmer. Viel schöner Ich glaube nämlich, dass es so ist. Wir leben alle teilweise dasselbe Leben. Du und ich, da gibt es nicht viele Unterschiede. Bitte nicht gleich durchdrehen. Was ich damit sagen will, ist einfach nur, dass wir ein gewöhnliches Leben leben. Natürlich nicht zu 100 % gleich! Was ich sagen will ist, dass wir eine Kindheit hatten, wo es auch mal knapp werden konnte, eine interessante Schulzeit und ein bisschen Spaß. Keine Privatjets oder Villen. Und es ist auch klar, dass gewisse Menschen durch bestimmte Aspekte privilegierter als andere sind. Und trotzdem hat keiner das Recht irgendwem zu sagen, dass er ein perfektes Leben hätte und dass er bestimmt keine Probleme hat. Diese bittere Ansicht sollte man wirklich ablegen. Ich hoffe, dass klar ist, worauf ich hinaus will. Und trotzdem stechen ja gewisse Menschen hervor, ja unter anderem auch ich. Das ist, denke ich, kein Geheimnis. Ständig bekomme ich zu hören, dass ich ein perfektes Leben habe. Und oft habe ich mich hingesetzt und darüber nachgedacht. Es ist mir auch klar, dass ich zum Teil selbst dafür verantwortlich bin, wie andere Menschen mich wahrnehmen. Doch ich denke, dass es einfach missinterpretiert wurde! Und ich bin froh, es richtig stellen zu dürfen. Ich bin kein perfekter Mensch, und Gott weiß, dass ich kein perfektes Leben habe. Doch ich habe die Fähigkeit, alles als perfekt zu betrachten und alles so anzunehmen, wie es kommt. Mit perfekt meine ich nicht wortwörtlich eine perfekte Sache, sondern perfekt für mich. Das macht einen krassen Unterschied, oder? Mein Leben ist nicht perfekt, aber es ist perfekt für mich. Verstehst du, was ich meine? Ich romantisiere mein Leben, und stecke hinter allem, was ich tu' eine Bedeutung. Ich erfreue mich an den normalsten Sachen, die andere vielleicht gar nicht beachten. Natürlich könnte ich mich jetzt hinsetzen und alles so sehen, wie es wirklich ist. Ich stehe jeden Tag auf und mache praktisch gesehen immer das Gleiche. Genau wie du auch. Ich wache jeden Tag auf, ich esse jeden Tag und ich schlafe jede Nacht ein. Das ist nun mal die Realität. Doch wieso muss diese Realität so grau und ernst sein? Dein Leben ist deine Leinwand, und du kannst es so gestalten, wie du willst. Sobald dich diese Einsicht einholt, kommt alles andere von selbst. Die Dinge, die geändert werden können, werden geändert. Und alles andere? Das lässt du einfach hinter dich. Lass es endlich hinter dich. Du bewegst dich nach vorn und brauchst diesen Ballast nicht. Zurück zum Punkt. Was wäre nun, wenn man alles, was man tut, als besonders ansieht? Wenn man in jede Handlung positive Energie stecken würde? Du entscheidest doch darüber, welche Sicht du auf die Dinge hast. Ich für meinen Teil habe mich längst für den schöneren Weg entschieden. Was getan werden muss, muss ohnehin getan werden. Wer jeden Tag aufsteht und seine Aufgaben erledigt, hat meinen vollen Respekt. Manche Menschen gehen einfach geradeaus. Doch viele andere, unter anderem auch ich, benötigen einfach etwas mehr. Einfach etwas, das mehr Magie hat. Deshalb fang damit an, und hör auf, dir einzureden, dass es nicht leicht wäre. Das einzige Hindernis bist du nämlich selbst. Und ich will einfach nicht, dass du dich selbst daran hinderst, das Leben zu leben, welches du für dich leben willst. Nun, wie funktioniert das Ganze? Es sind nicht kleine Tricks und Hacks, die man anwenden kann, man muss diese Sache einfach zu seinem Lebensstil machen. Man lebt jeden Tag so, als gäbe es nichts, das einen aufhalten könnte. Man steckt in seine Handlungen all die Liebe und gute Energie, die man besitzt. Alles, das du tust, ist besonders, weil du es so sagst und denkst. Täglich findest du etwas, wofür du dankbar sein kannst. Es ist einfach deine neue Einstellung, die dich hell strahlen lässt. Vor dem Schlafen gehen denkst du an all die Dinge, für die du dankbar bist und sprichst leise zu dir selbst. Und du sagst zu dir selbst, dass du dich auf den nächsten Tag freust. Du freust dich auf den kommenden Tag und alles, was er bringen mag. Du sagst dir selbst, dass du dich auf den Tag freust und dass er gut sein wird. So mache ich das, und ich habe wirklich einen enormen Unterschied bemerkt, was meinen Start in den Tag betrifft. Nach dem Aufwachen greifst du nicht sofort zum Handy, denn das ist schon ein großer Fehler. Unser Handy liefert uns so unglaublich viele Informationen, und größtenteils sind diese nicht mal positiv. Das kann schon einen großen Einfluss auf unser Gehirn und unsere Laune haben, ohne es wirklich zu merken. Diese Sache sollte man nicht unterschätzen. Gib dir Zeit, um mal aufzuwachen und anzukommen. Wecker ausschalten und ansonsten das Handy für die ersten 15 Minuten gar nicht beachten. Du setzt dich auf, lüftest mal durch und streckst dich. Wenn du willst, kannst du auch nur liegen bleiben und auf die Decke starren. Hauptsache, du gibst dir selbst mal Zeit, um aufzuwachen. Das führt eigentlich zu meinem nächsten, und bedeutungsvollem Ratschlag. Egal, ob du zur Schule oder zur Arbeit gehst, bitte steh früher auf als du solltest. Ich weiß, dass es zunächst blöd klingt, denn einige Menschen würden für eine weitere halbe Stunde Schlaf töten. Doch hör mir zu. Das war für mich persönlich ein absoluter Game-Changer! Während die Welt noch schlummert oder in Hektik untergeht, hast du eine kleine Zeitspanne für dich, bevor der Tag beginnt. Diese Zeit gehört nur dir. Es ist so ein schönes Gefühl, wenn man ganz langsam machen und stressfrei in den Tag starten kann. Klingt das nicht schon extrem entspannend? Keine Hektik und kein Stress. Ich finde, das macht so einen riesigen Unterschied, wie der Tagesablauf sein kann! Ich kann mich noch an die Zeit erinnern, als ich ständig gestresst war, weil ich alles auf den letzten Drücker gemacht habe. Ich weiß nicht, wie das bei dir ist, aber wenn ich spät dran bin, dann zerstört mir das automatisch die Laune. Spät dran, kein Frühstück, verwirrt und schlecht gelaunt. So sah das bei mir aus, wenn ich von Hektik regiert wurde. Das hat einfach sehr viel bei mir ausgemacht. Gut, dass diese Zeiten lange in der Vergangenheit liegen. Jetzt wirst du vielleicht denken, dass du ohnehin nicht genug Schlaf bekommst und sicher nicht noch mehr davon abgeben möchtest. Doch lass uns mal ehrlich sein. Was hindert dich daran, früh genug ins Bett zu gehen? Es gibt bestimmt wenige plausible Antworten, doch was ich mir zu 90 % denke ist, dass es wegen deines Handys ist. Ich möchte jetzt auch nicht wie deine Mutter klingen, doch die Wahrheit verlangt danach ausgesprochen zu werden. Leg dein Handy weg. Leg dieses Handy einfach weg. Ich weiß, wovon ich spreche, wenn ich sage, dass ich früher genauso mein Handy nicht aus der Hand legen konnte. Doch man kommt an einen Punkt in seinem Leben, wo man sich ernsthaft fragen muss, ob man denn sich nicht selbst gerade sabotiert. Es geht darum, dass du keine Ausreden suchen sollst, indem du Behauptungen aufstellst wie „Ich bekomme ohnehin nicht genug Schlaf." Du hast es doch in der Hand! Wortwörtlich. Investierst du deine Zeit in das Handy oder in dich, indem du für dich selbst sorgst und rechtzeitig schlafen gehst? Für manche Menschen klingt das jetzt schon anstrengend, doch es wird nie leicht, das Richtige zu tun. Natürlich ist es leicht alles so zu machen wie bisher. Es ist leicht, alles so zu machen, wie man es kennt. Dahinter steckt auch ein gewisser Komfort. Doch wenn man seine Komfortzone durchbricht, können wunderbare Dinge passieren. Am Anfang ist es schwer das Richtige für sich selbst zu tun, doch mit der Zeit kann man gar nicht anders. Du bist dir dankbar, weil du das Richtige für dich getan hast. Überlege mal wirklich, was wichtiger für dich ist. Ein paar Stunden lang durch sinnlose Videos zu scrollen, oder deinem Körper das zu geben, was er benötigt? Du schläfst mit dem Handy in der Hand ein, und wachst direkt mit dem Handy in der Hand auf. Dann fragst du dich ernsthaft, wieso du so eine große innere Unruhe hast? Kein Wunder, dass dein Kopf voll unnötiger Gedanken ist. Ich weiß, wie es ist, wenn das Leben einen nicht unbedingt schön behandelt, da kommt das Handy perfekt, um der Realität zu entkommen, in der man sich gerade befindet. Man möchte einfach in eine andere Realität flüchten. In eine Welt, in der deine Probleme für eine kurze Zeit verschwinden. Doch die Probleme sind trotzdem da. Sie werden immer da sein und auf dich warten. Leider bringt diese Flucht rein gar nichts, und seine Probleme zu ignorieren, macht auch nichts besser. Ignoriere deine Probleme nicht. Ignoriere deine Gedanken nicht. Ignoriere deine Realität nicht. Geh deine Probleme an. Renn auf sie zu. Durch das Meiden dieser Dinge wird alles nur schlimmer. Das weißt du ganz genau. Wenn ich es geschafft habe, da auszubrechen, dann kannst du das genauso. Du meidest deine Probleme nicht mehr, du denkst über sie nach und versuchst für alles eine Lösung zu finden. Du fragst nach Hilfe, wenn es nötig ist! Öffne dich den Leuten, die dir nur ein klein wenig Unterstützung bieten können. Und die Dinge, die du nicht ändern kannst, lässt du zurück. Du verschwendest nicht mehr deine Energie, ja einfach so weil du dich dagegen entscheidest. Du entscheidest dich bewusst dagegen und sprichst es laut aus. „Ich verschwende nicht mehr meine Energie an Dinge, die ich nicht beeinflussen kann. Ich entscheide mich nach vorn zu schauen.“ Genauso machst du das. Genauso habe ich es getan. Und genau deshalb wurde mein Leben heller und ich kroch aus meiner Höhle raus, in der ich mich für eine gewisse Zeit versteckt hatte.

Phase 11

Benötigst du all das wirklich?

Ich war ein Teenager, der ständig etwas kaufen musste. Ich war einer der besten Kunden bei Claire's. Vielleicht kennst du diesen Laden noch, der war voller bunter Sachen. Ich hatte nie genug von diesen Kleinigkeiten. Und wenn ich sage, dass ich nie genug davon hatte, dann meine ich das auch so. Bis heute weiß ich nicht, wieso das so war. Wieso hatte ich so viel Spaß daran, dieses Zeug nach Hause zu schleppen? Das Einzige, dass ich weiß ist, dass ich wirklich Spaß daran hatte. Was aber noch wichtig ist, ist das ich aber auch nie ein Problem damit hatte diese Sachen herzuschenken. Egal, was es war. Schmuck, Kleidung oder Gadgets beliebiger Art. Ständig habe ich komplett neues Zeug verschenkt, daran konnte ich erkennen, dass ich mich nicht an diese materiellen Sachen gebunden habe. Ich habe ihnen keinen bestimmten Wert gegeben, sie kamen und gingen. Es war mir egal. Was mir aber nicht egal war, wenn es irgendwo einen Sale gab. Ich musste hin. Aber wozu, wenn ich doch ohnehin Unmengen an Kleidung hatte? War das ein typisches Verhalten für ein jugendliches Mädchen? Na jedenfalls ging ich selten an etwas vorbei, ohne es mitzunehmen, sei es für mich oder für andere. Doch irgendwann wurde ich ja langsam erwachsen, und zog auch aus. Habe ich da überhaupt

Unterschiede bemerkt? Also viel mitgenommen habe ich nicht, daran kann ich mich noch erinnern. Mein Kaufverhalten war definitiv anders, aber nicht perfekt und so wie ich es für mich gerne gehabt hätte. Da habe ich mir aber auch nicht viele Gedanken darum gemacht, um ehrlich zu sein. Es war einfach „normal". Wie auch immer man normal für sich definieren möchte. Vielleicht ist es für dich normal 50 verschiedene Jacken in deinem Kleiderschrank zu haben, während es für einen anderen ein Albtraum wäre. Dieser andere Jemand bin dann wohl ich. Hi, ich bin Torent und ich habe exzessiven Kaufrausch einfach nur satt. Doch wie kam es dazu? Nun denn wo fang' ich da an. Ich weiß nicht, wie es bei dir war, aber besonders in der Corona-Lockdown-Zeit griff ich stark auf mein altes Kaufverhalten zurück. Wenn ich jetzt zurückblicke, kommt es mir definitiv nicht normal vor. Ich habe alles versucht, um mich von diesem Horror abzulenken und Amazon kam da gerade zu perfekt. Ich habe so viel Geld für Dinge ausgegeben, die teilweise einfach nur unnötig waren. Nicht alles war zwingend unnötig, aber trotzdem. In dem Moment kam es mir richtig vor. Und die Ablenkung hielt natürlich auch nicht lange, denn das ist nicht der richtige Weg. Da war ich aber auch in einer komplett anderen Welt, vor allem, was meine Mentalität betraf. Ich war wirklich ein anderer Mensch. Ich muss aber auch ehrlich sein und zugeben, dass diese Lockdown-Zeiten mich am Anfang sehr hart getroffen hatten. Ich denke, ich war nicht allein damit. Es war für mich schwierig Zuhause zu bleiben, da ich ein Mensch war, der den größten Teil seines Lebens draußen verbracht hat. Doch nun schweife ich ab. Zurück zum Punkt. Jedenfalls ist das auch wiederum ein Weilchen her. Und heute bin ich wieder ein ganz anderer Mensch, mit einer ganz anderen Sicht. Mit einer Sicht, die viel klarer ist. Eines schönen Tages stellte ich mir schlussendlich die Frage: Benötige ich all das wirklich? Diese Frage hat mich umgehauen. Um ganz ehrlich mit dir zu sein, hatte ich vergleichsweise zu anderen jungen Frauen in meinem Alter dennoch weniger im Kleiderschrank hängen. Und dennoch war es zu viel für mich. Wir wissen ja, dass die Sichtpunkte, was das Thema angeht sehr weit auseinandergehen können. Und das ist auch nicht schlimm so, jeder kann so leben, wie er es für richtig hält, solange er sich und keinem anderen damit schadet. Aber was wäre, wenn dieser Konsum uns schadet? Wenn einfach zu viel los ist? Nicht nur im Kleiderschrank, sondern allgemein Zuhause und vor allem im Kopf. Überlege dir mal, woher der bestimmte Stress im Alltag kommen könnte. Wusstest du, dass dein Umfeld und wie es ausgerichtet ist einen enormen Einfluss auf deinen Alltag haben kann? Und dass zu viel unnötiges Zeug genauso Platz in deinem Kopf einnimmt wie auch in deinem Zimmer? Diese Unordnung findet nicht nur in deinem Zuhause statt, sondern auch in deinem Kopf. Und du kannst etwas dagegen unternehmen, genauso wie ich. Ich stellte mich also eines schönen Tages spontan vor meinen Kleiderschrank und warf ganz aggressiv alles raus, dass ich sehen konnte. Ich hatte es wirklich satt. Ich begriff ziemlich schnell, dass ich direkt handeln muss, ohne lang zu überlegen. Ich stopfte also Sachen in Säcke, von denen ich genau wusste, dass kein Mensch was damit anfangen kann. Es gab Sachen zum Wegschmeißen und Sachen zum Spenden. Doch ich überlegte wirklich nicht lang, und stopfte eine Sache nach der anderen rein. Ich schaltete auf Autopilot. Das war der einzige Weg, um endlich eine Veränderung zu erreichen. Und das ist meistens der beste Weg, um eine Entscheidung zu treffen. Wenn man da steht und sich zu jedem Teil, das man sieht, erst eine Meinung bilden muss, dann wird man niemals weiter kommen. Also hör auf mich, wenn ich dir sage, dass du einfach aufstehen und handeln musst. Allein diese Aktion nahm mir so viel Stress aus dem Kopf. Ich entsorgte alles und erledigte das, was zu erledigen war. Da stand ich nun vor meinem fast leeren Kleiderschrank und spürte eine gewisse Freiheit. Es war wirklich Freiheit. So leer sah mein Kleiderschrank nie aus. Auf den ein oder anderen Menschen hätte mein Kleiderschrank davor wahrscheinlich genauso leer gewirkt. Aber dennoch war eine große und bemerkbare Veränderung da. Für mich zumindest. Und ich muss zugeben, diese Veränderung gefiel mir ziemlich gut. Ich fühlte mich frei. Ich machte dann weiter bei Schubladen und anderen Krimskrams Abteilen, die im Wohnzimmer waren. Ich hatte so viel ausgemistet! Es kam wirklich viel zusammen, was ich mir gar nicht erwartet hätte. Die Dinge sammeln sich eben an, und das passiert nun mal schneller, als wir denken. Jedenfalls machte ich so weiter und im Endeffekt wurde ich sehr viel los. Und noch mehr Freiheit bildete sich direkt vor meinen Augen. Ich war einfach so glücklich! Doch da hörte es nicht auf. Eines Tages wachte ich auf, und schwor mir für eine lange Zeit kein Geschäft mehr zu betreten. Ich hatte es einfach satt. Meine Seele war müde von diesem Konsum und sie verlangte nach Ruhe und Entspannung. Und diese bekam sie auch, denn ich betrat wirklich für eine sehr lange Zeit keine Geschäfte mehr, ich konnte sie nicht mehr sehen. Beim Gedanken an Konsum hätte ich regelrecht einen Anfall bekommen können. Ich denke, das war wirklich der Auslöser, zu viel von einer Sache und der Drang sich von ihr zu lösen. Ich bin wirklich froh, dass ich auf meinen Kopf gehört habe. Ich war schon immer jemand, der seinen eigenen Wünschen und eigenen Gedanken gefolgt ist. Mein Gefühl täuscht mich selten, und selbst wenn es das tut, tut es mir nicht so weh, weil ich das Beste für mich versucht habe. Jedenfalls vergingen Tage, Wochen und Monate. Ich kaufte überhaupt nicht mehr ein, ich bestellte nichts und ich hatte es auch nicht vor. Ich hatte es überhaupt nicht vermisst. Ich genoss mein stressfreies Leben und riss mich los. Und dadurch, dass ich keine neue Kleidung mehr gekauft habe, trug ich meistens dasselbe. Meine Outfits wiederholten sich häufig. Aber soll ich dir mal etwas sagen? Das war wieder ein Zusatzpunkt für meine neu gewonnene Freiheit, denn ich hatte keinen Stress bevor ich das Haus verlassen musste. Egal, wo ich hin musste, ich wusste ungefähr, wohin es geht. Und ich wusste auch, was ich anziehen würde! Denn es hingen ja nur ein paar

Teile in meinem Schrank, die ich anziehen konnte. Für jeden Anlass ein paar Teile. So ging das jeden Tag, für mittlerweile über ein Jahr. Und es war wirklich die beste Entscheidung, die ich getroffen habe, was Konsum betrifft. Man darf niemals ignorieren, was einem die eigene Seele und das eigene Gefühl sagt. Ich spürte diese Unruhe und nun weiß ich, woher sie auch kam. Ich konnte mich in diesem wundervollen Jahr der Selbstfindung ganz auf mich selbst und meine Leidenschaften fokussieren. Meine Gedanken waren frei für viel mehr. Mehr Raum zum Denken und Durchatmen! Und versteh mich nicht falsch, es war nicht so, dass ich herumgelaufen bin und mir meine eigenen Wünsche abgeschlagen habe. Ich habe auf nichts verzichtet, was ich haben wollte. Ich wollte einfach nichts haben, sondern mal mit dem leben, was ich gerade habe. Ich habe mir allgemein nie meine eigenen Wünsche abgeschlagen, wenn sie im Rahmen der Möglichkeiten lagen. Das würde ich auch anderen raten. Das Prinzip ist nicht der Zwang und auf etwas zu verzichten, sondern auf sich selbst zu hören. Dem eigenen Geist das zu geben, was er benötigt und will. Wir haben all die Antworten, die wir brauchen, wir müssen nur etwas tiefer graben, um sie zu finden. Sollte Konsum wirklich die Quelle deines Glücks sein? Hinterfrage einfach alles! Nur derjenige, der sich traut, sich selbst zu hinterfragen, kann den Mut aufbringen, um sich weiterzuentwickeln. Und nur derjenige, der ständig wächst, gewinnt in diesem Leben. Jedenfalls habe ich auf nichts verzichtet, dass ich haben wollte. Es war einfach so, dass ich das Wort Konsum nicht mal mehr hören wollte. Es gab diesen einen bestimmten Moment, als mein Mann mich fragte, ob ich denn etwas haben möchte. Einfach nur so. Er wollte wissen, ob er mir denn etwas geben könnte. Und ich verrate dir, wie meine Antwort normalerweise gewesen wäre. Normalerweise wären mir 100 verschiedene Sachen eingefallen, und daran finde ich absolut nichts verwerflich. Wenn meine Mitmenschen mich gut behandeln wollen, dann lasse ich das zu und kämpfe nicht dagegen an. Jedenfalls hat er mir diese Frage gestellt, und ich bin in meinen Gedanken versunken. Nicht nur, dass mir nichts eingefallen ist, ich hatte bemerkt, dass ich noch nie in solch einer Situation war. Mir fiel immer etwas ein. Seien es meine Eltern, Freunde oder sonst wer. Ich hatte immer etwas im Kopf, was ich gerne gehabt hätte. Und das war tatsächlich das erste Mal für mich. Ich war überfordert und gleichzeitig auch fasziniert davon, dass ich mich selbst in so einer Lage gefunden hatte. Irgendwann riss er mich aus meinen Gedanken und meine Antwort kam dann auch mal endlich raus. Ich sagte ihm, dass ich nichts haben will. Ich wollte nichts haben, und das war tatsächlich so. Er nickte mit dem Kopf und fragte mich trotzdem, ob ich mir sicher sei. Da sagte ich ihm, dass ich sicher sei und erklärte auch, dass ich mich zuvor noch nie so gefühlt habe. Wir sprachen ein wenig darüber, weil ich einfach fasziniert davon war. Jedenfalls hat sich immer noch nichts an meiner Antwort geändert. Das heißt aber auch nicht, dass es schlimm wäre, wenn es sich mal ändern würde. Du weißt ja mittlerweile, wie ich zu diesem Thema stehe. Wir müssen einfach die Wahrheit aussprechen, was unsere Wünsche und Vorstellungen betrifft. Wenn es etwas gibt, dann gibt es etwas und wenn nicht, dann ist das genauso okay. Jedenfalls kann sich jeder Mensch in so einer Lage wiederfinden, ich hätte das ja von mir genauso wenig gedacht. Es ist wirklich ein schönes Gefühl, wenn man mal nichts haben will. Jetzt ist der Moment da, um das, was man schon hat, erst mal zu schätzen. Dadurch kommt man auch an eine neue Form von Dankbarkeit. Man hinterfragt, ob man bestimmte Sachen wirklich benötigt und sieht, dass man auch mit etwas weniger klarkommen kann. Wir kommen auch mit weniger klar, wir sind Menschen und wir können uns an alles gewöhnen. Das habe ich für mich gelernt. Und das werde ich auch hoffentlich auf den Rest meines Lebens anwenden. Ich sage ja nicht, dass ich nie wieder etwas kaufen werde. Ich denke einfach, dass ich es mit mehr Hintergedanken machen werde. Und vielleicht wird es mir auch Spaß machen, denn erst, wenn wir von einer gewissen Sache Abstand nehmen, merken wir wie selbstverständlich diese für uns geworden ist. Es ist normal für uns, dass wir in die meisten Läden gehen und mit dem, was wir wollen, wieder rauskommen. Der Abstand zu diesen Dingen hat mir auch eine gewisse Klarheit gegeben. Das Glück, das durch den Konsum kommt, hält nur ganz kurz. Deshalb sind wir ständig auf der Suche nach etwas Neuem, um unseren Hunger zu stillen. Also nun zu dir. Überlege dir, ob eine gewisse

Unruhe durch die Unordnung in deinem Zuhause kommt. Unordnung kommt von zu viel Zeug, Zeug, dass du nicht wirklich benötigst. Du glaubst zwar, dass du diese Dinge brauchst, das tust du aber nicht wirklich. Vertrau mir. Zieh es durch und werde die unnötigen Dinge in deinem Leben los. Weg mit dem Ballast! Schaffe Platz für dich und deine Gedanken! Schaffe dir deine eigene kleine Freiheit. Überlege nicht lange herum und verschiebe es nicht auf morgen. Nimm es jetzt in die Hand! Werde die Dinge los, die unnötig Platz in deinem Leben einnehmen. Schaffe Platz für neues und erweitere deinen Raum. Schaffe mehr Raum bei dir Zuhause und mehr Raum in deinem Kopf. Du brauchst nicht all diese Kleidung, die seit Monaten einfach nur den Platz in deinem Schrank einnimmt. Endlich könntest du auch mal kreativer werden und das ganze Potenzial deiner bestehenden Kleidung ausschöpfen, das geht aber nur wenn du mal eine Pause vom Konsum machst. Mache einen Schritt zurück und überleg dir, wie dein Verhalten diesbezüglich ist. Ob es dir gefällt oder ob du es gerne verbessern würdest. Aber das Beste ist, du musst dich zu gar nichts zwingen. Die Reise der Selbstfindung schreibt einem nichts vor, es ist lediglich wichtig ehrlich mit sich selbst zu sein und auch zur Wahrheit zu stehen. Wenn es etwas zum Ändern gibt, dann ändere dies. Und wenn nicht, dann ist es genauso okay. Schlag dir keine Wünsche ab, wenn es dich unglücklich macht, auf eine schöne Sache zu verzichten. Das ist nicht Sinn und Zweck der Sache.

Phase 12

Lass los, bevor es dich zerstört.

Eine schlimme Erfahrung mit einem anderen Menschen, das ist einfach etwas, dass jeder Mensch erlebt oder leider erleben muss. Man kommt einfach nicht drumherum. Es bleibt keinem erspart, dir nicht und auch mir nicht. Freunde, Partner oder Familienmitglieder. Jeder von uns hat eine andere Story. Manches bleibt einem erspart, doch das Schicksal verschont keinen. Toxische Menschen können in verschiedenster Weise auftreten. Eine toxische Freundesgruppe, ein toxischer Freund oder toxischer Ehemann. Eine toxische Mutter oder eine toxische beste Freundin. Vielleicht aber auch ein toxischer Vater oder eine toxische Arbeitskollegin, von der man einfach keinen Abstand gewinnen kann. Passieren kann natürlich viel, aber ich kann nur über das berichten, womit ich selbst Erfahrungen gemacht habe. Freunde die kommen und gehen. Und einfach toxische Menschen, die das Leben schwer machen. Bei diesem Kapitel geht es mir nicht um die Erlebnisse selbst, sondern eher nur um die Folgen. Es geht mehr darum, wie ich den Schmerz überwunden habe und das Beste für mich herausholen konnte. Damit du weißt, dass du nicht allein damit bist und nicht die Hoffnung verlierst. Damit du weißt, dass alles gut werden kann. Am Ende wird immer alles gut, vertrau mir. Ich habe das ein oder andere erlebt, um das sagen zu können. Nun denn, kommen wir mal zur Sache. Die Sache mit toxischen Menschen ist nämlich diese, dass man sich an sie schnell gewöhnt. Denn A) sie sind nicht immer so gewesen und B) sie sind auch nicht durchgehend so. Es ist dieser Mensch, mit dem du viele Gemeinsamkeiten hast, der aber sich irgendwann einfach verändert, ohne es zu merken. Oder die Person verstellt sich so lange, bis sie nicht mehr kann. Du wirst es nie erfahren, aber du solltest auch nicht deine Energie daran verschwenden es herausfinden zu wollen. Spar dir deine Zeit und Nerven. Das Erste, was du tun musst, ist zunächst zu erkennen, dass es keine richtige Freundschaft ist. Halte dich nicht an den schönen Momenten fest, davon wird es nämlich viele geben und so kommst du nie los. Leg die rosa-rote Brille ab und halte dir die Realität vor die Augen, egal wie schwer es sein mag. Die richtige Entscheidung ist immer schwer. Das Richtige zu tun, wird immer schwer sein. Doch am Ende wird es sich lohnen! Hätte ich das nicht alles schon erlebt, dann könnte ich das nicht so selbstbewusst sagen. Die Realität zeigt uns, wie Dinge wirklich sind. Wenn es einen Moment im Leben gibt, wo man aufhören muss, die Erlebnisse in seinem Leben zu romantisieren, dann ist es dieser hier. Beim Versuch sich von einer Person zu trennen oder zu distanzieren geht es auch nicht um die schönen Erlebnisse, es geht um die Erlebnisse, welche uns unglücklich gemacht haben. Und wenn man sich dazu entschlossen hat, sich von einer Person zu distanzieren, weil sie einem nicht guttut, wird es nicht wenige hässliche Erlebnisse geben, an die man denken kann. Denn diese Erlebnisse sind der Grund, wieso man zu solch einer schwierigen Option greift. Und ich bin nicht hier, um dir zu sagen, dass es leicht ist. Es ist alles andere als leicht etwas loszulassen, das man kennt, liebt und benötigt. Egal, ob romantisch oder platonisch. Du sollst ja realistisch bleiben. Doch das heißt nicht, dass kein Licht am Ende des Tunnels wartet. Wenn du dich nicht nach vorn bewegst, wirst du niemals erfahren, ob nicht etwas Besseres auf dich wartet. Und ich bin hier, um dir zu sagen, dass es genauso ist! Es wartet etwas Besseres auf dich, weil du etwas Besseres verdienst! Verdienst du nicht das Mindeste an Menschenwürde? Verdienst du nicht die Liebe und Aufmerksamkeit, die dir zusteht? Schätzt du deinen Wert etwa so niedrig ein? Auf dich wartet das, dass du verdienst. Was du in diesem Leben verdienst, bestimmst du selbst und kein anderer Mensch. Du zeigst den Menschen, wie hoch dein Wert ist, und dass es ein Privileg ist, dich in ihrem Leben zu haben. Du bringst etwas zu Tisch und genauso tut es dein Gegenüber. Es ist ein Geben und Nehmen. Also zurück zum wichtigen Teil. Die erste Zeit wird natürlich nicht leicht sein, und das ist auch okay so. Es ist wichtig seine Gefühle zuzulassen, es ist okay traurig zu sein und vor allem ist es okay nach solch einer großen Entscheidung sich mies zu fühlen. Gefühle sind nicht etwas, dass man wegpacken muss oder etwas wofür man sich schämen sollte. Gefühle sind der Spiegel unserer Seele, sie machen uns zu einem Menschen. Und was soll schlimm daran sein, menschlich zu sein? Lass all deine Trauer und Schmerz fließen. Selbst bei so einem Vorgang neigen Menschen dazu sich zu vergleichen, aber du solltest wissen, dass jeder Mensch anders damit umgeht und entweder mehr oder weniger Zeit benötigt als du, um damit klarzukommen. Ich bin zum Beispiel ein Mensch, der sich ohne Probleme von Menschen entfernen kann, sobald ich merke, dass sie respektlos mir gegenüber sind. Wenn ich merke, dass ein Mensch nichts Gutes im Sinn hat, was mich betrifft, dann werde ich diesen Menschen in der Sekunde aus meinem Leben entfernen. Ohne jegliche Probleme. Das war schon immer so, und wird sich wahrscheinlich nie ändern. Ich kann auch beim besten Willen keinen Menschen hinterher trauen, die schlecht zu mir waren, ich kann es einfach nicht. Allein die Vorstellung verwirrt mich, um ehrlich zu sein. Doch ich habe verstanden, dass jeder Mensch anders ist und dass Gefühle sehr komplex sind. Jeder von uns ist einfach durch und durch anders, und das fasziniert mich wirklich. Damit will ich sagen, dass jeder seine eigenen Stärken und Schwächen hat. Es gibt absolut keinen logischen Grund, um sich zu vergleichen! Niemals. Nicht bei diesem Thema und allgemein auch nicht. Also, da ich schon dabei bin davon zu erzählen, was mir leicht fällt, erzähle ich dir, was mir dafür im Gegenteil schwerfällt oder genauer gesagt schwergefallen ist. Wieso ich es jetzt in der Vergangenheitsform sage, ist deshalb, weil es einfach nicht mehr so ist. Ich bin nicht mehr so, und das schon sehr lange. Jedenfalls hatte ich nie Probleme damit Menschen aus meinem Leben zu löschen, aber dafür quälten mich bestimmte Fragen hinterher. Ich verstand nämlich nicht, wieso ein Mensch sich entschied schlecht zu mir zu sein, wenn ich doch nicht einmal im Traum dran denken würde mich genauso ekelhaft einem Freund gegenüber zu benehmen. Ich habe mich gefragt, wieso man so zu mir war, wobei ich immer mein Bestes getan habe. Also war ich verwirrt und konnte das Motiv und das Handeln des Menschen nicht nachvollziehen. Ich konnte nicht verstehen, wieso ich es verdient hatte, dass man so mit mir umgeht. Das war dann wohl etwas, womit ich ein Problem hatte und woran ich mich festgehalten habe. Nicht die Person selbst, aber ihr Handeln. Diese Fragen haben mich durchgehend verfolgt, und das tat auf Dauer einfach nicht gut. Natürlich wusste ich das, aber ich war jung und emotional. Und ich möchte wieder darauf hinweisen, dass Emotionen nicht etwas Schlechtes sind! Es ist nur so, dass man es nie leicht haben wird, wenn man zu emotional ist. Man wird es einfach sehr schwer im Leben haben, wenn man seine Emotionen nicht zu einem gewissen Teil unter Kontrolle halten kann. Das weiß ich heute, weil ich den Unterschied sehe. Und wenn man Jahre damit verbringt an sich zu arbeiten und die Welt der Gefühle und des Handelns zu entdecken, fängt man an alles zu verstehen. Was ein Mensch tut, hat oftmals wenig mit den anderen zu tun. Und selbst wenn, dann ist das eine Sache, bei der man nicht persönlich werden sollte. Du musst deine Distanz halten und Ruhe bewahren! Das sind die zwei wichtigsten Punkte zum Schlüssel des Erfolgs. Versuche nicht, die schlechten Taten der anderen auf dich zu ziehen. Denke eher darüber, nach, was sie dazu treibt so zu handeln. Ihr Charakter, ihr Wesen oder ihre Person. Das alles hat mit dir rein gar nichts zu tun. Also wieso solltest du es persönlich nehmen? Dass die Menschen einen schlechten Charakter oder schlechte Eigenschaften an sich haben, ist nicht dein Problem. Das war es nie und das wird es nie sein. Diese Erkenntnis hat etwas in mir bewegt. Und so fing ich an alles loszulassen, und wenn ich dir sage, dass es mein Leben verändert hat, dann meine ich das auch so. Man darf niemals die Dinge zu nah an sich ran lassen, es darf niemals zu persönlich werden. Man darf in solchen Momenten den Emotionen keinen Platz erlauben. Denn da sind Emotionen fehl am Platz. Was du in solchen Situationen benötigst, ist rationales und logisches Denken. Und ich weiß, dass so was nicht auf Knopfdruck funktioniert. Aber auf Knopfdruck funktioniert hier nichts außer deinem Handy. Also lass dich von diesem Gedanken nicht ausbremsen, denn Übung macht den Meister. Lass dir das vom Meister gesagt sein. Ich hätte nie gedacht, dass ich ein solch leichtes Leben haben würde, was Emotionen und Kontrolle betrifft. Aber hier bin ich nun, und bin sogar in der Lage meine Tricks an dich weiterzugeben. Jedenfalls führt das alles dazu, dass man sich nicht zu lange an schmerzhaften Geschehnissen festhalten darf. Am besten sollte man sie so schnell es geht loslassen. Je länger man an diesem

Schmerz festhält, desto schlimmer wird alles. Und ich sag' dir mal eine Sache, die Person, die dir diesen Schmerz zugefügt hat, verschwendet keine Sekunde mit Gedanken an dich. Diese Person hat dich schon längst vergessen und schlägt ein neues Kapitel auf. Der einzige Mensch, der den Schaden davon trägt, bist du, und sonst keiner. Das klingt hart, aber es ist leider wahr. Und selbst wenn ich auf romantischer Beziehungs-Ebene so was nicht erlebt habe, so kann man diese Aussagen auf jede Situation anwenden. Schmerz ist Schmerz. Eine hinterhältige Tat tut weh, egal von wem sie kommt. Sei es ein Partner, deine beste Freundin oder ein Familienmitglied. Keiner sieht, wie du leidest, und das schlimmste ist, selbst wenn sie es sehen würden, wäre es ihnen egal. Du denkst, dass die Person, die dir weh tut, sich nicht im Klaren darüber ist, dass es falsch ist? Sie wissen Bescheid. Sie wissen, dass du unglücklich bist, aber es interessiert sie kein Stück. Also sag mir, wieso solltest du deine Zeit an solche Menschen verschwenden? Es ist nicht nur wichtig loszulassen, es ist wichtig, dass man es nach außen ausstrahlt. Du bist frei und jeder kann es spüren. Du machst das aber nur für dich. Keine Rachepläne, keine zweideutigen Sprüche und vor allem keine heimlichen Blicke. Versuche nicht herauszufinden, wie es bei ihnen gerade im Leben aussieht, das hat dich nicht zu interessieren. Jemand, der keinen Anteil mehr an deinem Leben hat, hat auch deine Neugierde nicht zu wecken. Es ist einfach nicht der richtige Weg. Der richtige Weg ist komplett damit abzuschließen, seine

Seele und sich zu heilen und stärker zurückzukommen. Und das alles tust du nur für dich, ganz allein für dich. Das Leben kann einfach so anders aussehen, es kann so viel schöner und leichter sein. Ich weiß gar nicht, wie man exakt den Wendepunkt schafft, aber ich glaube, dass es viel mit Akzeptanz und Geduld zu tun hat. Du akzeptierst das geschehene und wartest geduldig auf bessere Tage. Die Vergangenheit kann nicht geändert werden, also ergibt es keinen Sinn, sich an ihr festzuhalten. Vieles an unseren Gefühlen ergibt keinen Sinn. Es gibt Menschen, die sich nicht von ihrem toxischen Partner trennen können, obwohl er gewalttätig ist. Es gibt Menschen, die bei einem Mann bleiben, obwohl sie wissen, dass er sie betrügt. Und es gibt Personen, die mit anderen befreundet bleiben, obwohl sie von diesen „Freunden" wie Dreck behandelt werden. Manche Menschen können der Wahrheit nicht ins Auge blicken. Wie ich schon gesagt habe, Gefühle machen meistens keinen Sinn. Das sind Dinge, in die ich mich persönlich nicht reinversetzen kann, weil ich keine Erfahrung damit gemacht habe. Wir sind einfach alle so verschieden. Jedenfalls kann ich nicht mehr tun, als meine Worte an dich zu richten, der Rest liegt dann bei dir. Was macht der Schmerz eigentlich mit uns? Wir stecken in einer Spirale der Bitterkeit und Wut fest. Anders kann man das gar nicht beschreiben. Das nimmt einem wirklich die klare Sicht, die man normalerweise haben sollte. Jede kleine Erinnerung reißt die Wunden auf und es beginnt immer wieder vorn. Die meiste Zeit drehen sich die Gedanken nur noch darum. Und es gibt zwar immer wieder Momente und Zeitperioden, wo alles besser zu sein scheint, doch dann fällt man immer wieder zurück. Das passiert deshalb, weil temporäre Ablenkung einfach nicht ausreicht. So hart es auch klingt, man muss an die Wurzel des Problems gehen und sie herausreißen. Sich den Dingen stellen, sich von ihnen trennen und vor allem davon heilen. Das dauert zwar seine Zeit, aber es ist allemal wert. Man muss sich die Wahrheit vor die Augen halten. Ein Mensch, der dich liebt, wird dir keinen Schmerz zufügen. Und damit meine ich nicht, dass alle Menschen in unserem Leben perfekt sein müssen und nie Fehler machen dürfen. Nein. Doch mir würde persönlich nichts einfallen, dass ich einem Menschen in meinem Leben antun könnte, dass so schmerzhaft sein könnte und zu einem Ende unserer Freundschaft führt. Keiner von uns ist fehlerfrei, doch das ist keine Entschuldigung für ein herzloses Verhalten. Du kannst nicht einem Menschen das Herz brechen und so tun, als sei nie etwas gewesen. Das geht nicht! Und das ist etwas, das ich nie wieder zu lassen werde. Die Menschen taten zwar so als wäre nichts passiert, doch ich wusste, dass es so nicht weitergehen kann. Also zog ich einen Schlussstrich. Und im Endeffekt hat mein Leben sich einfach so zum Besseren gewendet. Eine riesige Last ist von meinen Schultern gefallen. Und das Beste ist, dass ich mit diesen Leuten heute nicht einmal ein Problem habe. Ich bin frei von jeglicher Negativität und frei von jeglichem Schmerz. Das ist eine Freiheit, die ich jedem verletzten Menschen da draußen von Herzen gönne. Es ist ein unglaubliches Gefühl. Und wieso habe ich kein Problem mehr mit ihnen? Wieso kann ich an sie denken, ohne dass alles hochkommt? Wieso kann ich mich sogar mit ihnen höflich unterhalten? Weil ich weiß, dass ich davon geheilt bin. Weil ich vollkommenen inneren Frieden habe. Weil ich weiß, dass sie mit sich selbst leben müssen und ich mit mir. Ich kann mit dem Gewissen leben, dass ich meine Mitmenschen niemals so herzlos behandeln würde. Und das ist meine Freiheit. Mehr brauche ich nicht. Ich wünsche diesen Menschen nichts Schlechtes. Ich wünsche ihnen einfach gar nichts. Ich verschwende meine Gedanken nicht an sie, wenn es nicht sein muss. Sie haben keinen Anteil mehr an meinem Leben, und das macht mein Leben schön. Ich mache mir mein Leben schön, und du kannst das genauso machen. Fang an, loszulassen, bevor es dich zerstört. Tu das, was richtig für dich ist. Tu das Richtige für dich.

Phase 13

Toxischer Müll

Es gibt Menschen, die sich sehr stark verstellen können. Sie verstellen sich und sie beißen sich in dir fest, wie eine kleine Zecke. Vielleicht sogar schlimmer als eine Zecke. Denn Zecken kann man entfernen, und dieses Ungeziefer, das ich liebevoll „toxischer Müll“ nenne, kann sogar noch hartnäckiger sein. Doch keine Sorge, für alles gibt es die perfekte Lösung. Und diese Lösung heißt „gebe ihnen niemals das, was sie wollen“. Wie meine ich das? Nun, fangen wir mal an. Ich habe schon viele verschiedene Menschen in meinem Leben getroffen. Darunter waren coole Menschen, langweilige Menschen, schöne und falsche Menschen. Doch die schlimmsten waren die toxischen Menschen. Sie treten irgendwie in dein Leben, und bilden sich ein, dass sie ein Anrecht auf alles haben, das dir gehört. Selbst dein geistiges Eigentum! Sie breiten sich aus, und es geht so schnell, dass du es nicht einmal bemerkst. Es kann sogar sein, dass am Anfang alles okay ist. Diese Menschen sind Meister, wenn es darum geht, sich zu verstellen und anzupassen. Sie können charismatisch wirken, sie geben dir das Gefühl, als würde man sich ewig kennen. Sie überhäufen dich mit Aufmerksamkeit und Liebe! Doch das alles hält nur für eine kurze Zeit, denn kein Mensch kann sich so lange verstellen. Immer wieder kommen Bruchteile der Realität zu Vorschein, man muss nur genau hinschauen und aufmerksam sein. Es fängt damit an, dass sie eine Sache sagen, aber eine ganz andere machen. Sie zeigen sich etwa als selbstbewusst, aber müssen jedes Mal ihr inneres Gift bei irgendwem herauslassen. Nie passen die Worte mit ihren Handlungen zusammen! Man hat das Gefühl, dass man verrückt wird. Doch das wundert mich gar nicht, diese Menschen schaffen es dich so zu verwirren, dass du gar nicht verstehst, was los ist. Das kann in etwa so aussehen, dass du ihnen Gefallen beliebiger Art schuldig bist. Ständig musst du etwas für sie tun. Und das ist auch selbstverständlich für sie, ansonsten gibt es ein riesiges Drama. Und allein die Vorstellung, wie diese Personen ein Nein aufnehmen könnten, bereitet einem Kopfschmerz zu. Einfach weil sie überzeugt sind, dass alles nach ihrer Pfeife tanzen muss. Gut, dass es nicht so sein muss. Dann gibt es ein weiteres Level zu ihrem Verhalten. Sie machen etwas für dich, ist gar nicht wichtig, was es ist und im nächsten Moment werfen sie es dir hinterher. Alles, was sie tun, werfen sie dir nach. „Ich habe so viel für dich getan, und was tust du für mich?" Das heißt, sie machen bestimmte Dinge, nur um sie dir hinterherwerfen zu können oder dich im besten Fall damit emotional zu erpressen. Dieses Verhalten kann natürlich zu einer großen Verwirrung führen. Doch es ist wichtig, schnell auf den richtigen Kurs zu kommen und sich von so jemandem zu distanzieren. Doch bilde dir nicht ein, dass damit alles vorbei ist. Denn das ist meist erst der Anfang von allem. Denn ab dem Moment, wo du entweder anfängst, deine Meinung zu äußern oder Nein zu sagen, rasten sie vollkommen aus und schlagen um sich. Ab da geht es wirklich los. Sie verstehen, dass sie keine Kontrolle mehr über dich haben. Ich habe mit solchen Menschen nie lange gespielt und sie zum richtigen Zeitpunkt auf ihren Platz gesetzt und ihnen gezeigt, wo sie hingehören. Nämlich nicht über mir, um über meine Handlungen zu bestimmen. Aber wie ich schon gesagt habe, findet es dort kein Ende. Sie fangen, an sich ihre eigene kleine Geschichte zusammenzureimen und erzählen diese natürlich ihrem Umfeld. Sie erwarten etwas von dir. Eine Reaktion, eine Nachricht oder eine Konfrontation. Diesen Menschen ist egal, was es ist, doch sie werden stets etwas von dir erwarten. Und egal, was es ist, sie werden sich nur darüber freuen. Also darfst du in dem Fall diesen Menschen niemals die gewünschte Aufmerksamkeit geben. Du darfst das Monster nicht füttern! Denn das, was sie tun, tun sie nicht einfach so. Die aufgebaute Distanz muss man aufrechterhalten, so stark wie man nur kann. Dennoch werden sie nicht aufhören, denn die Reaktion, die sie nicht erhalten, macht sie nur noch verrückter und verzweifelter. Sie versuchen zu allen Mitteln zu greifen, um deine Aufmerksamkeit zu erhalten. Denn sie haben nichts mehr wovon sie sich ernähren können, traurig aber wahr. Du bist eine Quelle, zu der sie keinen Zugang mehr haben. Aus und vorbei! Denn du gewährst ihnen diesen Zugang ganz einfach nicht mehr. Das ist eigentlich nicht schwer zu verstehen. Sie werden zweideutige Aussagen von sich geben, Geschichten verbreiten und meterlange Texte auf ihren Social-Media-Plattformen posten, doch du wirst wie gewohnt weiter machen. Du reagierst ganz einfach nicht. Die aufgebaute Mauer bleibt aufrecht und stabil. Sie reden von undankbaren Menschen, für die sie alles getan haben. Sie reden von ihren Heldentaten, um die sie keiner gebeten hat. Und eine Sache habe ich nie verstanden. Wozu tut man Dinge für andere Menschen, wenn man sie einem nur hinterhergeworfen werden? Tun sie diese Dinge, weil sie es von Herzen aus möchten oder tun sie diese, weil sie etwas im Gegenzug erwarten? Die Antwort liegt klar auf der Hand. Sie erwarten sich etwas im Gegenzug. Alles, was sie tun, hat einen Hacken. Sei es noch so eine kleine Sache. Ich kann keinem Menschen trauen, der ständig nur von den Dingen spricht, die er für andere tut. Für wen tust du es denn? Anstatt sich darüber aufzuregen, kann man einfach damit aufhören. Still sein. Wenn diese Menschen doch so böse sind, dann kann man diese doch ganz einfach in Ruhe lassen und nichts mehr für sie tun? Natürlich wäre das eine logische und simple Entscheidung, doch weder etwas Simples noch Logik wird man bei dieser Art von Menschen finden. Fang erst gar nicht an zu suchen. Sie leben in ihrer eigenen Welt. Und ich meine das nicht auf die positive Art und Weise. Sie reimen sich ihre eigenen kleinen Geschichten zusammen und erklären jeden, der sich ihnen nicht ergibt, zum Bösewicht. Jeder, der sich nicht vor ihnen hinkniet, hat etwas gegen sie. Sie betiteln täglich andere

Menschen als neidisch, böse und nichts-gönnerisch. Tag täglich bekämpfen sie unsichtbare Hater, die anscheinend nur für sie sichtbar sind. Sie wissen gar nicht, wie dieses Verhalten von der Seite wirkt. Fernab jeglicher Realität reimen sie sich ihre perfekte Geschichte zusammen. Ob sie tatsächlich selbst daran glauben, das werde ich wohl nie erfahren. Denn was sich in den Köpfen dieser Menschen abspielt, ist sehr kompliziert und unmöglich zu verstehen. Zumindest für mich. Nun denn. Dann fangen sie an, sich in die Opferrolle oder in die des Helden zu stecken. Sie fangen an zu behaupten, dass sie nur von falschen Menschen umgeben sind und ihre reine Art etwas Seltenes ist. Allein dass ein Mensch von sich selbst behauptet, dass er unheimlich rein ist, hat etwas Komisches an sich. Ein guter Mensch muss doch nicht ständig über sich selbst sagen, dass er ein guter Mensch ist. Das machen nur komische Individuen, die versuchen der Welt etwas zu beweisen. Wobei sich eigentlich kaum einer dafür interessiert. Die einzigen Menschen, die sich dafür interessieren, sind jene, die genauso drauf sind wie sie selbst. Die genauso gestört sind. Diese Menschen benötigen dieses Drama, diese Aufmerksamkeit und Negativität in ihrem Leben. Anders können sie nicht voranschreiten in ihrem blassen und langweiligen Leben. Und so tauschen sich diese komischen Personen untereinander aus, und beruhigen sich gegenseitig. Sie beruhigen sich, indem sie sich gegenseitig zustimmen. Sie denken und behaupten, dass ihnen keiner etwas gönnt. Ständig fällt diese Aussage. Immer und immer wieder. Doch dann stellt sich die Frage, was es denn eigentlich gibt, dass man ihnen nicht gönnen könnte? Ihre erbettelte Aufmerksamkeit? Tut mir leid, aber die Wahrheit verlangt danach ausgesprochen zu werden. Sie denken, dass sie durch ihre Bettelei und Zwang etwas Authentisches im Leben erreichen werden. Sie reden sich das höchstwahrscheinlich auch täglich ein. Doch in Wahrheit gibt es niemanden, der ihnen irgendwas nicht gönnt. Es ist nur so, dass sie die einzigen sind, die diese Welt so ernst nehmen. Sie haben einfach zu viel Zeit. Und Menschen, die zu viel Zeit und wenig Beschäftigung haben, treffen meistens nur dumme Entscheidungen. Sie haben zu viel Zeit für ihre dummen und verdrehten Gedanken. Und so entwickelt sich diese kleine Scheinwelt, in der sie es sich gemütlich gemacht haben. Man darf ihnen keine Macht geben. Und selbst das, was man ihnen gewährt hat, muss man mit Gewalt wieder zurücknehmen. Lass diese Menschen so lange vor sich hin bellen, bis sie müde werden. Glaub mir, irgendwann werden sie müde und suchen sich neue Opfer, die sie anzapfen können. Das ist zwar traurig, doch du sollst ja nicht die gesamte Welt retten. Du sollst dich erst mal selbst retten, das ist für mich am wichtigsten. Sollen sie doch ihre Spielchen woanders treiben. Ich sage dir aus meiner eigenen Erfahrung heraus, als jemand, der angefangen hat seine Ziele Schritt für Schritt zu erfüllen, dass sich viele Menschen um dich herum versammeln, sobald sie etwas Gutes wittern. Und ich will nicht, dass es so klingt, als hätte ich irgendwelche Berge versetzt. Denn das habe ich nicht getan. Doch dafür habe ich Schritt für Schritt kleine Wünsche von mir erfüllt, und meine persönlichen Meilensteine erreicht. Und selbst dieses Bisschen reicht für manche Menschen. Direkt versuchen sie einen Vorteil für sich herauszuziehen und belästigen dich quasi. Sie sehen dich als etwas, woraus sie einen Gewinn machen können. Direkt versuchen sie sich gut mit dir zu stellen, täglich erinnern sie dich, dass sie da sind, damit die Distanz ja nicht aufgebaut werden kann. Doch ich bin jemand, der nicht allzu lange braucht, um zu verstehen, ob jemand authentisch ist oder nicht. Selbst wenn es einen kleinen Zeitraum benötigt, ich bin jemand, der die Dinge ziemlich schnell verstehen kann. Ich lasse mich einfach von keinem ausnutzen, und das ist Fakt. Das ist tatsächlich etwas, worauf ich ziemlich stolz bin. Ich werde nie Angst davor haben, diesen Menschen Nein zu sagen. Denn dieses Nein bekommen sie viel zu selten zu hören. Das ist natürlich etwas, womit sie nicht rechnen. Man rechnet nicht damit, dass ein Mensch so einfach Nein sagt. Man rechnet nicht damit, dass ein Mensch so einfach hinter seiner eigenen Meinung stehen kann. Und dennoch brauchen sie viel Zeit, um das Geschehene zu verstehen oder zu verarbeiten. Denn ein Nein verstehen sie nur schwer. Das ist nicht ihre Sprache. Durch Schleimerei und Schamlosigkeit haben sie sonst alles bekommen, was sie wollten. Doch wenn dem nicht mehr so ist, erleiden sie regelrecht einen Schock und suchen die Schuld überall, nur nicht bei sich selbst. Wieso auch? Sie sind doch schließlich perfekt und fehlerlos. Erwarte dir niemals, dass du bei diesen Leuten mit Logik vorankommst, fang gar nicht erst damit an. Ich habe meine Erfahrungen schon gesammelt und kann dir berichten, welche Methoden funktionieren und welche scheitern. Eine Zeit lang habe ich diese Menschen selbst nicht ganz verstanden, ich dachte, dass ich mit Logik vorankommen würde. Ich äußerte hier und da meine Meinung, machte sie auf Dinge aufmerksam, die keinen Sinn ergaben. Doch sie kämpften nicht einmal an! Noch nie hat mich etwas so verwirrt wie dieses Benehmen! Sie tätigten Aussagen, denen ich offensichtlich nicht zustimmte. Und wenn ich meine Meinung äußerte, so stimmten sie mir zu. Das ist etwas, dass ich mir einfach nicht erklären konnte. So ging das ein paar Mal, bis ich langsam verstand, dass es keinen Sinn ergibt. Es machte absolut keinen Sinn. In dem Fall kam meine Geheimwaffe ins Spiel. Meine Geheimwaffe, die ich „keine Reaktion" nenne. Und da fing alles an. Da läuteten die Alarmglocken bei ihnen, und ich wurde regelrecht belagert und getestet. Ich habe immer gemerkt, dass diese Menschen auf Tuchfühlung gehen. Dass sie mich testen und abchecken wollen, wie die Lage denn so ist. Warum ich mich distanziert habe. Ich habe angefangen, sie zu verstehen und ihre kleinen Spielchen zu durchschauen. Es tat mir einfach nur leid, dass Menschen ihre Energie für sowas verschwenden. Doch das ist der einzige Weg, um ihnen klarzumachen, was Sache ist. Der einzige Weg um ihnen zu zeigen, dass man nichts mit ihnen zu tun haben möchte. Distanz und die kalte Schulter sind die besten Taktiken, um sich von ihnen langsam aber sicher zu entfernen. Hinzukommt, dass man einfach nicht mehr auf ihre emotionalen Ausbrüche eingeht, und dann ist man wirklich auf der sicheren Seite. Nun habe ich wirklich alles verraten! Das ist mein Weg, wie ich mit diesen Leuten umgehe. Wie man herauslesen kann, geht es einfach darum, nichts zu tun. Nichts zu machen und nichts zu sagen. Wenn jemand anfängt, wie wild um sich zu schlagen, muss das Gegenüber immer ruhig und gelassen bleiben. Es gibt nichts, was einem mehr Macht gibt. Und vor allem auf nichts zu reagieren. Du löschst diese Menschen aus deinem Blickwinkel und aus deinen Gedanken. Lass sie toben, lass sie ausrasten. Das ist nicht dein Problem und das hat auch nichts mit dir zu tun. Was sie über dich sagen, ist genauso wenig dein Problem. Es hat nichts mit dir zu tun, welche Geschichten sie sich zusammen reimen, um sich selbst zu beruhigen.

Phase 14

Wie kommt man zum Erfolg?

Erfolg ist diese eine Sache, von der wir alle träumen. Jeder Mensch träumt von Erfolg, oder hat es mal zumindest getan. Viele Träume landen auf dem Friedhof und viele Träume gehen in Erfüllung. Das Thema Erfolg ist so groß und komplex, man fühlt sich leicht überfordert damit. Doch für mich persönlich ist die Faszination größer als die Angst. Sehr viele Menschen haben Angst vor dem Erfolg und ich frage mich ständig, warum das so ist. Ich glaube, es ist kein Geheimnis, dass Erfolg einem sehr viel abverlangen kann und es ist völlig egal, wie man den Erfolg für sich definiert. Erfolg kann dein Abschluss sein oder das Traumgewicht, dass du erreichen möchtest. Erfolg kann aber auch sein, dass du dir den Traum einer glücklichen Familie aufgebaut hast. Erfolg kann also groß oder klein sein, je nachdem welche Träume man es wagt in Erfüllung bringen zu wollen. Fakt ist, dass von nichts genau nichts kommt. Die meisten Menschen bleiben deshalb auch ihr Leben lang nur Träumer. Doch eigentlich geht es darum, aus dem Träumer-Stadium auszubrechen und anzufangen, etwas dafür zu tun. Und das ist der Moment, wo viele einfach scheitern. Sie scheitern schon bevor es überhaupt losgehen konnte! Das ist absolut bizarr für mich. Die Frage ist also, zu wem du dazu gehören willst.

Bist du ein Träumer oder bist du jemand, der handelt? Ich für meinen Teil habe entschieden, dass ich meinen Worten Taten folgen lassen werde, denn ewige Träumerei erfüllt mich einfach nicht. Ein Leben lang nur darüber zu reden, was hätte sein können, hört sich einfach nur deprimierend an. Ich möchte alles, was ich mir vornehme, auch durchziehen. Doch natürlich ist das leichter gesagt als getan. Es geht nicht immer darum, dass man an das Ziel und Ergebnis denkt. Klar sind, dass die größten Gedanken, die einen vorantreiben, aber man braucht schon etwas mehr um dabei zu bleiben. Egal, worum es geht! Man muss lernen, sich in den Prozess zu verlieben, in das Hier und Jetzt. Man muss den Weg dorthin genauso lieben lernen, ansonsten wird es nichts. Es gibt Tage, an denen kann man einfach nicht weiter weiß. Und es gibt auch Tage, an denen man ganz einfach nicht will. Doch es ist wichtig, weiterzumachen. Ein Schritt ist besser als keiner, merk dir das. Und Erfolg ist keine Sache, die von einem Tag auf den anderen einfach in deinen Schoß fällt. Der Tag, an dem du den Samen in die Erde setzt, ist nicht der Tag, an dem du etwas direkt ernten wirst. Erfolg ist etwas, das man sich hart erarbeiten muss. Das heißt wiederum, dass du sehr geduldig sein musst. Das sage ich als jemand, der sein Leben lang extrem ungeduldig war. Ich war der ungeduldigste Mensch, den ich selber je gekannt habe. Es war eine schlimme Eigenschaft. Eine Eigenschaft, die mir sehr vieles im Leben erschwert hat. Ich weiß gar nicht, woher das kam, aber es betraf jeden Aspekt in meinem Leben. Ungeduld kann dich vernichten. Ich bin so froh, dass diese Eigenschaft kein Teil mehr von meiner Person ist. Falls du auch jemand bist, der eher ungeduldig ist, musst du mit diesem Moment anfangen, dich in Geduld zu üben. Du musst unbedingt an dieser Schwäche arbeiten und diese eliminieren. Egal, was es betrifft. Bei mir persönlich war es so, dass ich durch meine Religion zur Geduld gekommen bin. Denn bei uns im Islam wird Geduld ganz groß geschrieben, wollte ich mal nur so nebenbei erwähnen. Nun denn, wie sieht der Alltag einer Person aus, die sich auf ein bestimmtes Ziel hinbewegt? Der Tag fängt auf jeden Fall nicht damit an, dass man direkt nach dem wach werden, sein Handy in der Hand hat und durch alle Plattformen scrollt, die man auf dem Handy finden kann. Das ist schon mal ein großes Nein. Und ich weiß, dass es schwer ist davon wegzukommen, aber so ruiniert man sich den gesamten Tag, auch wenn du davon überzeugt bist, dass es nicht stimmt. Es stimmt. Zu viel Information direkt, nachdem du deine Augen öffnest, kann doch nie im Leben gut für dich sein. Jedenfalls lässt du das Handy dort, wo es ist. Du kannst dir gerne ein paar Minuten Zeit nehmen und wach zu werden oder direkt mit deiner Routine loslegen. Doch eine neue Sache kommt zu deiner Routine dazu. Und das muss in der Zeit des Morgens passieren. Du schnappst dir Stift und Papier und schreibst all deine Ziele auf. Du darfst die Ziele auch mehrmals wiederholen, wenn du es möchtest. Der Morgen ist eine bedeutungsvolle Zeit und was du am Morgen für dich tust, kann den Rest des Tages entweder positiv oder negativ beeinflussen. Die Ziele, die du am Papier niederschreibst, bleiben in deinem Unterbewusstsein stecken. Und wenn du das jeden Tag tust, wird dein Gehirn anfangen, sich zu fragen, was das für die Dinge sind, die du täglich notierst. So kannst du dein Unterbewusstsein und deinen Körper automatisch zu deinen Zielen hinziehen. Du wirst automatisch mehr für deine Ziele tun wollen, weil du täglich an sie erinnert wirst, bevor der Tag überhaupt beginnt. Das ist schon mal eine ausgezeichnete Praktik, die man täglich anwenden kann. Anstatt seinen Kopf direkt mit den unnötigsten Informationen zu verseuchen. Wie ich schon gesagt habe, unser Kopf speichert alles ab. Und das schlimmste ist es, direkt beim Tagesbeginn irgendwelche Nachrichten und Neuigkeiten durchzusehen. Das alles hat seine Zeit! Die Nachrichten sind wie du weißt überwiegend negativ und das braucht dein Gehirn absolut nicht. Lass es einfach. Was in der Welt passiert, läuft dir nicht weg, du wirst das alles im Laufe deines Tages ohnehin mitbekommen. Also entscheidest du quasi selber und bestimmst deinen Tagesablauf. Du hast deine Ziele fest im Blick und vor allem auch fest in deinem Unterbewusstsein! Was ich genauso wichtig finde, ist es, seine Ziele nicht in die Welt hinauszuposaunen. Vor allem Ziele und Träume, die einem sehr wichtig sind. Wenn du wirklich etwas erreichen willst, dann arbeite still und heimlich daran. Sprich nicht über Dinge, die im Gange sind. Eröffne die frohe Botschaft erst dann, wenn du dein Ziel erreicht hast. Glaub mir, so ist es einfach besser. So hat nämlich keiner die Chance seinen Senf dazu abzugeben oder dein Vorhaben mit seiner schmutzigen Energie zu beflecken. Du hast deinen Freiraum, um ganz in Ruhe dein Ding zu machen, ohne dass irgendwer dir etwas einreden kann. Zu viele Menschen da draußen wollen einfach nicht sehen, dass andere erfolgreich werden, egal, um was es geht. Sei es noch so eine kleine Sache, sie müssen sofort ihren Neid versprühen und somit alles beschmutzen. Ich finde so was sehr schlimm. Und solche Menschen warten immer nur darauf, um einen Menschen ausbremsen zu können. Jedenfalls solltest du große Reden im Allgemeinen unterlassen. Du solltest aber auch nicht unterschwellig darüber sprechen, also quasi Andeutungen machen, dass du im Stillen an großen Dingen beteiligt bist. Das macht einfach gar keinen Sinn, denn das ist nicht der Zweck der ganzen Sache. Einfach schweigen, denn das unerwartete hat den größten Effekt, glaub mir. Da wir beim Thema Sprechen sind, spreche ich direkt einen dringenden Punkt an. Und zwar, wie du zu dir selber sprichst. Du hast große Ziele im Leben und träumst davon, diese zu erreichen. Und ich gehe mal davon aus, dass du auch etwas für diese Ziele tust. An manchen Tagen mehr und an anderen etwas weniger. Doch da ist diese eine Sache. Und zwar die Art, wie du zu dir selber sprichst. Einerseits bist du dabei, und andererseits sagst du dir, dass du es ohnehin nicht schaffen wirst. Du sagst, dass du nicht besonders bist oder dass andere Menschen viel mehr geschafft haben als du. Dass andere viel weiter sind als du. So sprichst du also zu dir selber. Beim kleinsten Rückschlag verlierst du gleich die Nerven und redest dir ein, dass du von Anfang an wusstest, dass du es nicht schaffen wirst und bist dabei alles hinzuschmeißen. Und ganz ehrlich, wenn du so mit dir selber reden willst, dann nur zu. Aber falls du denkst, dass du so irgendwas erreichen wirst, dann muss ich dich leider enttäuschen. Ich bin ein Mensch der Realität und man muss stets ehrlich zu sich selber sein, doch das hat mit der Wahrheit rein gar nichts zutun. Woher willst du wissen, wie die Zukunft aussieht? Woher willst du wissen, wie weit du mit einer Sache kommen wirst? Woher nimmst du all dieses Wissen? Jemand, der so spricht, der ist für den Erfolg nicht bereit. Du bist bereit für das Gute, wenn du offen dafür bist. Du empfängst den Erfolg mit offenen Armen, weil du daran glaubst. Du glaubst daran, dass du alles schaffen kannst, was du dir vornimmst, weil du es ganz einfach verdienst. Zwischen deinen Träumen und dir steht nichts außer Anziehungskraft, die du für dich nutzt. So sollte es eigentlich aussehen. Zwischen deinem Erfolg und dir steht nichts. Keiner kann dir das nehmen, was dir zusteht. Solange es Gott für dich so geschrieben hat. Die Menschen denken, dass ihre Feinde da draußen sind, um ihnen alle Wege zu verbauen. Doch der Erste, der dir den Weg verbauen kann, das bist du selber. Du schaffst das mit deinen Worten. Du tust eine Sache, aber sagst eine komplett andere. Woran soll denn dein Unterbewusstsein glauben? Wie sollst du die guten Dinge und Erfolge anziehen, wenn du geistig gar nicht bereit dafür bist? Wenn du nicht einmal offen dafür bist, diese Gaben zu empfangen? Deine Gedanken und die Dinge, die die du dir selber sagst, senden bestimmte Signale aus. Du bewegst dich auf einer bestimmten Frequenz. Und dein Erfolg bewegt sich ebenfalls auf einer bestimmten Frequenz im Leben. Doch wie sollt ihr euch treffen, wenn ihr nicht auf derselben Frequenz seid? Verstehst du? So kann es einfach nicht funktionieren. Du sagst das, woran du glaubst. Das, was du sagst, wird zu deiner Realität. Vergiss niemals, dass du für deinen eigenen Weg verantwortlich bist, selbst wenn alles vorher bestimmt ist. Dein Unterbewusstsein kann sich nur dem anpassen, was du vorgibst. Deine Befehle spielen in dem Fall eine große Rolle. Dein Glaube an dich selber wird dich Tag täglich vorantreiben. Dieser wird dich so lange vorantreiben, bis du dort ankommst, wo du ankommen willst. Anders geht es gar nicht. Ich kann mir nicht vorstellen, wo ich jetzt wäre, wenn ich nicht so einen starken Glauben an mich selber hätte. Ich nutze die Gaben, die mir gegeben wurden, und wandle sie in etwas um, worauf ich stolz sein kann. Die Energie fließt in alle Richtungen, und trifft mich immer wieder auf eine unerwartete Art und Weise. Es ist kaum zu beschreiben. Erst, wenn man selber auf diesem Weg der Selbstverwirklichung ist, versteht man, wie viel Kraft dahintersteckt. Dann versteht man gewisse Dinge. Wie soll ein anderer Mensch deinen Erfolg beeinflussen können, wenn du ganz simpel und einfach nicht daran glaubst, dass dieser es schaffen kann. Wie soll es deiner Meinung nach passieren? Es ist einfach nicht möglich. Keiner kann dir die Gaben nehmen, die du geschenkt bekommen hast, und keiner kann dir Steine in den Weg legen, solange du es nicht erlaubst. Und das alles passiert deshalb nicht, weil du so einen starken Glauben an dich selber hast. Alles passiert aus einem Grund. Und selbst wenn du an einer Sache scheiterst, so suchst du die Schuld weder bei dir noch bei den anderen. Du verstehst, dass du dein Bestes gegeben hast und es einfach nicht sein sollte. Du akzeptierst die Dinge, ohne sie groß zu hinterfragen. Was bringt es sich seine Energie an so etwas zu verschwenden? Die Antworten auf die Fragen werden auch nicht alles besser machen können. Es geht darum, immer weiterzumachen, bis man dort ist, wo man sein möchte. Und wo man sein möchte, das entscheidet man selber für sich. Das ist ja bei jedem Menschen ganz anders. Jeder definiert Erfolg anders für sich, egal ob groß oder klein. Erfolg ist nun mal Erfolg. Deine kleinen Fehler und Niederschläge merkst du dir ziemlich gut. Aber wieso tust du nicht dasselbe mit kleinen Fortschritten? Wieso fällt es den Menschen so leicht, sich auf das negative zu fokussieren? Feiere jeden Schritt in die richtige Richtung und erkenne jeden Fortschritt an. Sprich zu dir selber. Sprich so zu dir selber, als würdest du zu einem guten Freund sprechen. Allen anderen können wir doch genauso Mut machen, also wieso nicht uns selber? Du schreibst dir selber vor, was du erreichen kannst und was nicht. Nun denn, in der Welt des Erfolgs und der Macher gibt es natürlich sehr viele Hindernisse. Es ist wichtig zu wissen, dass nicht alles auf einmal super leicht und perfekt wird. Falls ich mich nicht irre, wird es sogar schwieriger. Nun bist du im Fokus vieler Menschen, Menschen, die dich für das beneiden, was du erreicht hast oder Menschen, die genauso ein Stück von deinem Kuchen wollen. Es wird Menschen geben, die versuchen werden dein Konzept nachmachen zu wollen. Es wird Menschen geben, die jeden Schritt und Tritt von dir kopieren werden. Manchen wird es gelingen und manche werden natürlich scheitern. Ich muss das erwähnen, weil es einfach dazu gehört. Es kommt natürlich darauf an, was du tust und in welchen Kreisen du dich bewegst, doch selten entkommt man den Menschen, die keine eigenen Ideen und Originalität besitzen. Du musst aber verstehen, dass es ganz normal ist und dass du nichts dagegen tun kannst. Auf so etwas zu reagieren bringt sich absolut nichts. Das einzige, was man tun kann ist, einfach sein Ding zu machen. Doch eine wichtige Sache kann ich dir mit auf den Weg geben. Die Menschen, die versuchen dich und dein komplettes Leben oder Business zu kopieren, werden niemals vor dir sein. Sie werden sich immer hinter dir befinden, in deinem Schatten, um ganz genau zu sein. Denn sie werden nie ihre eigenen Schritte tätigen und in der Welt vorankommen. Sie werden immer auf dich warten müssen, um zu schauen, was du tust. Sie werden sich nur dann voranbewegen, wenn du es tust, anders geht es gar nicht. Deshalb mach dir keinen Kopf und verschwende deine Gedanken und Energie nicht an so etwas. Irgendwann wird jeder müde davon. Und am Ende des Tages weiß jeder, wer er ist. Wir können vielleicht die ganze Welt belügen und täuschen, aber niemals uns selber. So was hält in der Regel auch nicht lange an. Es bilden sich mit jedem Tag kleine Risse in der Maske und die Wahrheit kommt raus. Ohne Authentizität kommt man in dieser Welt nicht voran. Die Menschen kaufen einem diese Show nur selten ab. Und selbst wenn es passiert, sind es nur dumme Menschen, die genauso eine Show abziehen wie man selber. Doch das ist keine Energie, die ein erfolgreicher Mensch in seinem Leben braucht. Und intelligente Menschen fallen selten auf so etwas rein. Du bleibst dir selber treu, während du die beste Version deiner selbst wirst. Dass ein Mensch sich verändert, heißt nicht, dass dieser nicht authentisch ist. Das darf man auf keinen Fall verwechseln. Ob du dich veränderst oder ob du versuchst das Leben von jemand anderem zu übernehmen, weißt du im Endeffekt selbst. Wie ich schon sagte, man kann sich am Ende des Tages nicht selbst belügen. In dieser Welt gibt es dich nur einmal, und das ist deine Superkraft. Das kann die Superkraft von jedem sein, wenn man erkennt, wie besonders dieser Fakt eigentlich ist. Du musst nicht irgendwer anderes sein, ist das nicht wunderbar? Du darfst du selber sein, und das ist ein Geschenk. Ein Geschenk, das dir keiner nehmen kann. Denn keiner kann deine Rolle in diesem Leben übernehmen. Du lebst dein Leben so, wie es für dich vorher bestimmt ist, dein Leben ist auf dich angepasst. Deshalb ist es auch gut, dass man sich nicht mit anderen vergleichen muss. Es macht auch absolut keinen Sinn. Jeder von uns wächst anders auf! Du bist unter anderen Voraussetzungen herangewachsen als ich. Wieso sollten wir uns denn dann vergleichen? Ich finde es so sinnlos, wie Menschen sich mit anderen vergleichen. Damit ist keinem geholfen, so viel ist klar. Schau nicht auf diejenigen, die mehr haben und auch nicht auf diejenigen, die weniger haben. Schau darauf, wie viel du vor einem Jahr hattest und wo du im Leben gestanden bist. Schau darauf, wie sich dein Charakter über Monate hinweg entwickelt hat. Das sind die einzigen Vergleiche, die wirklich einen Sinn machen. Es geht nur um dich. Um deine Entwicklung und deinen Weg. Du sollst besser sein als gestern. Die einzige Konkurrenz, die ich habe, ist mein altes Ich. Und ich habe nichts gegen mein altes Ich, denn es gehört immer noch zu mir. Aber das heißt nicht, dass mein altes Ich keine Eigenschaften hat, die zu meinem jetzigen Ich einfach nicht dazu passen. Ich lasse diese Dinge einfach hinter mir und merke jedes Mal wie anders ich auf bestimmte Situationen reagiere im Vergleich zu früher. Das macht mich jedes Mal unheimlich stolz. Das ist nämlich der Progress, von dem ich spreche. Die Veränderung, die wir benötigen als Menschen. Der Drang, das Beste aus sich herausholen zu wollen. Und es macht einen vollkommen glücklich diese Entwicklung zu sehen, dass es tatsächlich funktioniert. Früher hätte ich mir zum Beispiel nicht vorstellen können, dass ich so ruhig und gelassen sein könnte. Selbst wenn es mal stressig werden kann. Ich hätte nie gedacht, dass ich geduldig sein könnte. Damit will ich nur sagen, dass ich genauso wie du an einem Punkt war, wo mir alles unerreichbar vorkam. Ich hätte mir diese Veränderungen nie vorstellen können. Diese großen Veränderungen, die mich zu einem stärkeren Menschen machen. Ein Mensch, der rational handelt, der seine Emotionen im Griff hat und sich in Geduld üben kann. Das heißt auch nicht, dass ich perfekt bin. Das heißt nur, dass ich besser bin als 1 Jahr zuvor. Besser als ich selber, nicht besser als irgendwer da draußen.

Schluss

Was möchte ich dir zum Schluss mitgeben? Ich meine alles, was ich zu sagen hatte, hast du ja schon hoffentlich durchgelesen. Nimm nicht alles zu ernst, wir sind hier und irgendwann sind wir es nicht mehr. Sei nicht so streng mit dir. An seinen Zielen festzuhalten ist eine schöne Sache und es zeugt von Stärke. Und das ist auch etwas, was ich mir für dich wünsche. Aber du sollst dich selber dabei nicht vergessen. Lass dir Zeit, atme durch. Diese Welt ist nicht so gebaut, dass sie einem Komfort schenkt. Es ist tatsächlich so, dass wir unser Leben lang unseren Weg durchschlagen müssen. Wenn ein Problem gelöst ist, taucht ein anderes auf. Aber das ist gar nicht so schlimm, wie es sich anhört. Es ist nun mal die Wahrheit. Doch das gute ist, dass du mit deiner Einstellung bestimmen kannst, wie du damit dein Leben lang umgehen wirst. Du wirst nicht zu jenen gehören, die ihr Leben damit verbringen, sich zu beschweren. Das ist nicht das Leben, in dem ich dich sehe. Ich sehe dich in einem Leben voller Stärke, Stabilität und Selbstsicherheit. Glück, Liebe und Komfort sind hoffentlich ein zusätzlicher Bonus. Ein Bonus, den du auf jeden Fall verdienst. Wir verdienen es doch alle. Jeder Mensch sucht etwas Bestimmtes für sich, ohne Ausnahme. Wir sind ein Leben lang auf der Suche. Das ist unsere Natur. Doch es gehört eben dazu, auch mal stehen zu bleiben und erst mal für das, was man hat, dankbar zu sein. Das kann nicht jeder Mensch. Und das wird dich vom Rest unterscheiden. Deine Dankbarkeit und Bescheidenheit wird dich abheben. Und das wird deine Quelle des Glücks sein. Denn alles führt zurück zur Dankbarkeit. Sie ist der Ursprung für alles Gute. Wer für den heutigen Tag nicht dankbar sein kann, der wird auch den morgigen Tag nicht schätzen. Was ich sagen will ist, dass es so viel gibt, wofür es sich zu kämpfen lohnt. Doch es gibt auch vieles, dass du einfach mal nur betrachten und schätzen kannst. Es hat keine Eile. Du bist dort genau richtig, wo du gerade bist. Ich hoffe wirklich, dass du einen Nutzen aus diesem Buch ziehen konntest, egal wo du dich gerade im Leben befindest. Und ich hoffe, dass du niemals die Hoffnung verlierst. Vergiss niemals, dass deine Bedürfnisse an erster Stelle stehen, und dann erst die der anderen. Du bist deine Priorität. Du passt auf dich selber auf, weil du am besten weißt, was du brauchst und was nicht. Somit wünsche ich dir alles Gute auf deinem Weg. Der Weg der Selbstfindung ist etwas Schönes, also genieß es.

In Liebe,
deine Torent.

Printed by Amazon Italia Logistica S.r.l.
Torrazza Piemonte (TO), Italy

40048983R00078